Edition *Schindele*

Armin Krenz

Kompendium zur Beobachtung und Beurteilung von Kindern und Jugendlichen

Allgemeinwissenschaftlicher Abriß, wichtige und notwendige Grundsätze sowie spezifische Verfahren zur Datenerhebung „Beobachtung" unter Berücksichtigung der Zielsetzungen „Beurteilung" und „Erziehungsplanung"

Ein Lehrbuch für SchülerInnen/StudentInnen der Sozial- und Heilpädagogik und Fachkräfte in der Praxis

5. Auflage

HVA/Edition Schindele

Über den Autor:
Armin Krenz, Dr. phil., Jg. 1952, ist Dozent am „Institut für angewandte Psychologie" in Kiel. Seine Arbeitsschwerpunkte sind die Bereiche „Elementar- und Orthopädagogik".
So arbeitet er als Supervisor, psychotherapeutischer Berater und Ausbilder der GwG in der Fort- und Weiterbildung von (sozial)pädagogischen
Fachkräften, im Feld organisationspsychologischer Innovation und
systemisch-ganzheitlicher Intervention.

ISBN 3-89149-182-4   5. Auflage 1992

Ich möchte dieses Buch zum einen Frau Professor Clara Maria von Oy (Freiburg) widmen, deren persönliche Begegnung mir sehr viel bedeutet und auch meine berufliche Arbeit beeinflußt hat. Zum anderen widme ich meine Veröffentlichung allen bisherigen und derzeitigen Seminarteilnehmern, die ein Stück ihrer Ausbildung in meinem Unterricht erlebt haben bzw. z.Zt. erfahren.

„Die Beziehung zur Welt wird uns vermittelt durch die Sinnesorgane, mit deren Hilfe wir unsere Erfahrungen machen. In diesem allgemeinsten Sinne ist Beobachtung eine Art des Erfahrens von Welt, wobei der Weg von der unmittelbaren (auch naiven) Beobachtung zu wissenschaftlichen über die planmäßige Schärfung unserer Sinneswahrnehmung vermittels zahlreicher Beobachtungstechniken verläuft, die sich je nach den behandelten Dimensionen der Wirklichkeit wandeln."

(R. König, 1967, S. 107)

Statt eines Vorwortes, in dem ich sicherlich auch die Freude zum Erscheinen dieser dritten Auflage ebenso zum Ausdruck gebracht hätte wie meinen Dank, der dem Verlag - und hier besonders Herrn Erfling - gilt, möchte ich zwei Zitate anführen, die mich während meiner persönlichen und beruflichen Entwicklung ständig begleiten:

„Möglicherweise ist die Zeit nicht mehr fern, da die Pädagogik es als peinlich empfinden wird, von einem defektiven Kind zu sprechen, weil das ein Hinweis darauf sein könnte, es handele sich um einen unüberwindbaren Mangel der Natur. /. . . /
In unseren Händen liegt es, so zu handeln, daß das /. . . / (behinderte) Kind nicht defektiv ist. Dann wird auch das Wort selbst verschwinden, das wahrhafte Zeichen für unseren eigenen Defekt."
(Wygotski 1924)

und

„Auch sind wir die Verfasser der anderen; wir sind auf eine heimliche und unentrinnbare Weise verantwortlich für das Gesicht, daß sie uns zeigen, verantwortlich nicht für ihre Anlage, aber für die Ausschöpfung dieser Anlage."
(Aus dem ersten Tagebuch von Max Frisch)

Die Dinge der Welt wahrnehmen heißt noch nicht bemerken,
bemerken heißt noch nicht sehen,
sehen heißt noch nicht aufnehmen,
aufnehmen heißt noch lange nicht beobachten.

Inhaltsverzeichnis

10

1. Einleitung
Grundsatzgedanken zum Verhältnis „Erfassung / Beschreibung von Verhaltensauffälligkeiten bei Kindern und Jugendlichen" und „Beobachtung"

Verhaltensstörung — Verhaltensauffälligkeit: dies sind sicherlich zwei zentrale Begriffe in der Pädagogik, sowohl in der wissenschaftlichen Betrachtung als auch in
der praktischen Arbeit.

Aus der Psychiatrie-Enquete (Bericht über die Lage der Psychiatrie in der Bundesrepublik Deutschland) müssen wir die alarmierende Meldung zur Kenntnis nehmen, daß eine Reihe von Untersuchungen belegen, daß ca. 20 – 25 % aller Schulkinder Verhaltensweisen zeigen, die als auffällig bezeichnet werden müssen und
einer Klärung bedürfen. Weiterhin wird in dem Bericht erwähnt, daß 31 % der
Kinder in einer Großstadt, die in die erste Klasse eingeschult werden sollten, Auffälligkeiten und Leistungsbeeinträchtigungen zeigten. Mitarbeiter des „Freiburger
Modellkindergartens" erhärten diese Angaben und sprechen von 20 – 25 % verhaltensauffälligen Kindern im Elementarbereich. Eine Untersuchung des Tübinger
Klinikums (Abteilung für Kinder- und Jugendpsychiatrie) ergab, daß 20 % der
untersuchten Kinder gravierende Störungen zeigten. Verhaltensauffälligkeiten
werden damit zum Hauptproblem von Eltern, Lehrern und Erziehern, und ihr
Wunsch, Vorschläge und Hilfestellungen für die pädagogische Arbeit zu bekommen, ist verständlich.

Der Wunsch vieler Studenten aus Fachschulen für Sozialpädagogik und die Bitte
einer großen Zahl von Erziehern, Vorschläge und Hilfestellungen für die Arbeit
mit ‚verhaltensgestörten' bzw. verhaltensauffälligen Kindern zu bekommen, zeigt
daher einerseits den ernsthaften Versuch, mit dem Problem von verhaltensauffälligen Kindern besser umgehen zu können, andererseits birgt er aber auch viel
zu häufig die Frage in sich, „was bei dem Betreffenden, der verhaltensauffälli-
ges Verhalten zeigt, genau zu tun ist" (Aufforderung an Wissenschaft, Forschung
und Praxis, Rezepte zu entwickeln und weiterzugeben).

Eines allerdings stimmt dabei nachdenklich: fast immer richtet sich das Interesse
nahezu ausschließlich auf das Kind und kaum oder gar nicht auf die Auslöser bzw.
Ursachen für „Auffälligkeiten". Lösungsvorschläge und Rezepte sind gefragt, die
eine Antwort auf die Frage geben, „wie man diese oder jene Verhaltensauffällig-

keit des Kindes in den Griff bekommen kann". Versucht man einmal, die von den Erziehern genannten „Schwierigkeiten der Kinder" näher zu erfassen, so berichten sie folgendes: „Kinder zeigen

a) *Auffälligkeiten im Umgang mit Gleichaltrigen,* z.B. indem sie andere provozieren, belästigen, schlagen, anschreien, beschimpfen, jähzornig reagieren . . .

b) *Auffälligkeiten im Gefühlsbereich,* z.B. indem sie schwer ansprechbar sind, in sich zurückgezogen leben, ängstlich und ratlos in einer Ecke stehen und nicht mitspielen, aggressiv-zärtlich sind . . .

c) *Auffälligkeiten im körperlichen Bereich,* z.B. an den Nägeln kauen, motorische Hyperaktivität, über Magenbeschwerden klagen, Koordinationsstörungen zeigen . . .

d) *Auffälligkeiten im Verhalten zum Erzieher,* indem sie z.B. Anweisungen nicht ausführen, dem Erzieher nicht zuhören, ihn beschimpfen, ständig belügen, . . .

e) *Auffälligkeiten im Arbeitsbereich,* z.B. indem sie unselbständig arbeiten, schwankendes Arbeitsverhalten an den Tag legen, unkonzentriert sind, plan- und ziellos vorgehen, ohne Ausdauer arbeiten, zunehmend abgelenkt sind, übertrieben ehrgeizig an die Arbeit gehen . . .

f) *Auffälligkeiten im Bereich der Institutionsordnung,* z.B. Hauseigentum beschädigen, sich nicht an Arbeitsaufgaben oder aufgestellte Regeln halten, . . .

g) *Auffälligkeiten, indem sie selbst in keiner Weise auffällig sind:* sie verhalten sich überangepaßt, völlig passiv, führen ständig ihre Arbeit übereifrig aus . . ."

Aus dem eben beschriebenen Versuch, auffälliges Verhalten zu benennen und in „Symptom-Schemata" einzuordnen, ergeben sich zwei wesentliche Gefahren:

1) Das Verhalten der Kinder, das als auffällig bezeichnet wird, steht isoliert (= unabhängig von Rahmenbedingungen) aufgeschrieben da. Damit wird die Verhaltensauffälligkeit als eine im Kind liegende ‚negative Eigenschaft‘ angesehen.

2) Ausgehend von der Tatsache, daß Auffälligkeiten den Kindern zugeschrieben werden, werden verhaltensändernde Maßnahmen nur auf das Kind konzentriert!

Verhaltensauffälligkeiten werden damit in die Richtung eines „pathologischen Befundes" gedrängt, zumal sowohl in Gesprächen mit Erziehern als auch in vielen Fachbüchern von „Heilung" des Kindes die Rede ist.

Eine Sicht- und Arbeitsweise, die Entstehungsursachen von auffälligem Verhalten nur „im Kind liegend" sucht und damit problemverursachende Situationen unberücksichtigt läßt, läßt das Kind zum „Behandlungsobjekt" werden und treibt Etikettierungen voran.

Verhaltensstörung – ein problematischer Begriff

Kinder, die als verhaltensgestört bezeichnet werden, sind nach Aussagen von Erziehern z.B. ‚herrschsüchtig‘, ‚passiv‘, ‚labil‘, ‚erregbar‘, ‚aggressiv‘, ‚kontaktgestört‘, ‚unangepaßt‘, ‚sexuell auffällig‘ oder ‚streitsüchtig‘; sie ‚schwindeln‘, ‚stehlen‘, ‚treiben sich herum‘, ‚schwänzen Termine‘, ‚belästigen andere‘ oder ‚reagieren trotzig‘; sie haben ‚Sprachstörungen‘, ‚Zwangsvorstellungen‘, ‚depressive Verstimmungen‘ oder ‚Störungen des Selbstwertgefühls‘.

Die Vielfalt dieser Begriffe könnte problemlos ausgeweitet werden. Leider tragen sie kaum zur Klärung sogenannter problematischer Verhaltensweisen bei; vielmehr sind es „Allgemeinbegriffe“, die aufgrund subjektiver Einschätzung gebraucht werden und voller Werturteil stecken. Gerade das ist aber – solange sie nur so stehen bleiben und nicht beschrieben werden – hinderlich für eine notwendig objektiv-distanzierte pädagogische Arbeit.

Weiterhin bedeutet der Begriff „Verhaltensstörung“, daß das betreffende Kind von einer festgelegten Norm abweicht und sich selbst bzw. andere stört – allerdings erscheint der Begriff ‚Störung‘ auch in diesem Zusammenhang unlogisch zu sein, weil die Bezugsnorm einerseits nicht exakt übernommen wird.

Leider sind die o.g. Begriffe sehr undeutlich bestehende Sammelaussagen, die – aus pädagogischer und sozialpsychologischer Sicht betrachtet – keinen Aussagewert im allgemeinen oder besonderen besitzen. Sowohl Häufigkeit als auch Intensität eines ‚abweichenden Verhaltens‘ können aus den Begriffen nicht abgeleitet werden.

In der Regel dienen die o.g. Begriffe auch als Erklärung für Verhaltensweisen, die ein Kind zeigt („Andrea findet keinen Kontakt, weil sie herrschsüchtig ist.“), oder ein bestimmtes problematisches Verhalten wird mit Hilfe einer ‚Verhaltensstörung‘, die in unmittelbarem Zusammenhang zu stehen scheint, begründet („Andrea schlägt andere Kinder bzw. ärgert sie ständig, weil sie streitsüchtig ist.“). Damit werden pseudo-pädagogische Erklärungen geliefert bzw. Begründungen aufgestellt, die in sich unschlüssig und nicht hilfreich für problemverändernde Maßnahmen sind.

Der Gebrauch des Begriffes „Verhaltensstörung“ ist sicherlich diskriminierend und stabilisiert bzw. erhöht das Auftreten von Verhaltensstörungen, zumal betreffende Kinder dieses negative Fremdbild ihrer Eltern / Erzieher übernehmen und zum eigenen Selbstbild werden lassen. Und schließlich scheint der Begriff „Verhaltensstörung“ auch deswegen für einen Gebrauch völlig ungeeignet zu sein, weil er Eltern und Berufserzieher in eine Denkrichtung bringt, die es ihnen unmöglich macht, auffälliges Verhalten auch einmal aus einer völlig anderen Perspektive zu betrachten: daß ‚Verhaltensstörungen' nämlich sinnvolle und situationsangemessene Signal- und Problemlöseverhaltensweisen von Kindern sind!

Die Sichtweise von Verhaltensstörungen nach dem sog. „Medizinischen Modell"

Vertreter des „Medizinischen Modells" sind sowohl in Wissenschaft und Forschung als auch vor allem in der pädagogischen Praxis zu finden. Sie schreiben „verhaltensauffälligen Kindern" sowohl die Ursachen für das Entstehen von Verhaltensauffälligkeiten zu und begründen es allein mit deren Persönlichkeit. Dies hat dann folgerichtig die Konsequenz, daß alle zu treffenden pädagogischen und therapeutischen Maßnahmen auf das Kind zentriert werden. Insofern erscheint es dann auch verständlich, wenn z.B. von dem Begriff „Heilung" gesprochen wird.

Kritische Anmerkungen: Wenn von Heilung gesprochen wird, dann werden Verhaltensauffälligkeiten in die Richtung eines „krankhaften Befundes" gedrängt. ‚Heilung' verweist auf die Existenz von Abartigkeiten und somit auf Krankheit. Dieser Blickwinkel von auffälligem und gestörtem — und damit abweichendem — Verhalten bezieht sich auf ein Krankheitsmodell nach dem Motto: Gesundheit wird als Nichtexistenz von Krankheitssymptomen bezeichnet, und Krankheit beinhaltet ein Vorliegen von Krankheitsbildern. Hiermit ist aber grundsätzlich ein Aufbau bzw. eine Weiterführung von Stigmatisierungsprozessen gegeben, nämlich einer feststellenden Zuschreibung von Verhaltensauffälligkeiten, ausgerichtet auf das Kind. Da abweichendes Verhalten aber von Situationen, Bedingungen, Strukturen und Personen geschaffen wird, die das Kind umgeben, ist der medizinische Begriff ‚Heilung' auch insofern nicht ungefährlich, weil sich so die um das Kind bemühenden Personen auf den „Symptomträger KIND" stürzen.

So fehlen auch in den Theorie- und Praxisansätzen der Anhänger des „medizinischen Modells" Verbindungen bzw. Hinweise darauf, daß zwischen dem als „verhaltensgestört" bezeichneten Kind und seiner Umwelt *vor* dem „Auffälligerwerden" Kommunikations- und Handlungsprozesse stattgefunden haben. An diesen Prozessen sind entsprechend häufig Eltern und Erzieher beteiligt. Dennoch sind *sie* es, die trotz ihrer „Mitwirkung am Entstehen und Verfestigen von auffälligem Verhalten bei Kindern" den Begriff „Verhaltensstörung" äußern und dem Kind zuweisen. Damit wird es zusätzlich zu seinen Schwierigkeiten auch noch diskriminiert. *Sein* Verhalten ist problematisch und falsch, *es* verhält sich abnorm, muß bestraft werden, weil *es* stört.

Vertreter des „medizinischen Modells" verstehen dann auch unter heilender Erziehung die ‚Gesamtheit von Tätigkeiten, Anregungen und Motivationen, die dazu geeignet sind, verhaltensauffällige Kinder im motorischen, emotionalen, sozialen und kognitiven Bereich zu fördern, mit dem Ziel, daß sie unter Förderung ihrer Fähigkeiten zur sozialen Autonomie finden'. Was ist damit ausgesagt? Hier steht zum einen nur die *Förderung des Kindes* im Vordergrund, zum anderen der Auf- und Ausbau der *sozialen Autonomie*. Was hier fehlt, ist die Berücksichtigung des sozialen Beziehungsfeldes als Erziehungsbereich (z.B. Veränderung von Rahmenbedingungen, die eine für das Kind förderliche Atmosphäre erst ermöglicht); außerdem bleibt auch die ‚personale Autonomie' unberücksichtigt. Wenn heilpädagogische oder therapeutische Konsequenzen für die Arbeit mit sog. Verhaltensauffälligen darin liegen, sie in bestimmten Bereichen zu fördern, dann hat es zur Folge, daß nur mit ihnen etwas gemacht wird, mit den Symptomträgern gestörter Beziehungsstrukturen.

Verhaltensauffälligkeiten aus der Sicht des „sozialpsychologischen Modells"

Es erscheint sinnvoll, die nun folgenden Ausführungen mit einer Definition von ‚Verhaltensstörungen' auf der Grundlage des „sozialpsychologischen Modells" zu beginnen:

"Verhalten, das abnorm genannt wird, muß als Interaktion von drei Variablen untersucht werden: dem Verhalten selbst, seinem sozialen Kontext und einem Beobachter, der sich in einer Machtposition befindet. Kein spezifisches Verhalten ist in sich selbst abnorm. Vielmehr ist es so, daß ein Individuum irgendetwas (z.B. Halluzinationen verbalisiert, jemand anderen schlägt, / . . . /, stottert . . .) unter bestimmten Bedingungen tut (z.B. während des Unterrichts, während er an seinem Schreibtisch arbeitet, . . .), das jemand anderen aus der Fassung bringt, ärgert, wütend macht oder stark stört (z.B. / . . . /, Lehrer, Eltern oder das Individuum selbst) und ausreicht, bestimmte Handlungen auszulösen (z.B. die Polizei zu rufen, einen Psychiater zu empfehlen), so daß professionelle „Etikettierer" (z.B. Ärzte, Psychiater, Psychologen, Richter, Sozialarbeiter) mit dem Individuum in Kontakt kommen und entscheiden, welches aus der gegenwärtig gebräuchlichen Gruppe von Etiketten (. . .) am angemessensten ist. Schließlich folgen Versuche, die Ausführung der beanstandeten Verhaltensweisen zu ändern (z.B. Institutionalisierung, Psychotherapie, Medikation)" (Ullmann und Krassner, 1969, zit. n. Keupp 1974).

Was ist mit dieser Definition nun entscheidend ausgesagt? Verhaltensstörungen werden demnach als *Interaktionsprodukt* von Verhalten, sitativem Bedingungsgefüge und Beurteilungsvorgängen beschrieben! Auf einen lerntheoretischen Ansatz übertragen bedeutet es, daß das individuelle Verhalten eines Kindes (Jugendlichen und Erwachsenen) eine Funktion der Umweltsituation (U), der Persönlichkeitsvariablen (P) und der ausgelösten Wirkung dieses Verhaltens auf die unmittelbare Umwelt (K = Konsequenz) ist.

$$V = f(U, P, K)$$

Zur Erklärung: Unter der ‚Umwelt' können wir alle Personen, Bedingungen, Objekte und Situationen verstehen und zusammenfassen, die ein Verhalten der Person direkt oder indirekt beeinflussen. Die Persönlichkeitsvariable erfaßt alle Einflußarten, die ein bestimmtes Verhalten „von innen heraus" bestimmen, wie z.B. biologische Merkmale wie die Funktionsfähigkeit der Sinne, körperliche Verfassung oder Arbeitsweise des Nerven- und Muskelsystems. Schließlich folgt auf das Verhalten eine Konsequenz, die sich uns als ausgelöste Wirkung offenbart (positive oder negative Reaktion). Wesentliche, festzuhaltende Ergebnisse sind demnach folgende:

1) Psychische Auffälligkeiten (= Verhaltensauffälligkeiten) kann es „an sich" nicht geben, weil eine ‚Verhaltensstörungsbenennung' immer eine wertende Beurteilung ist, die sich nach dem jeweiligen Bewertungsmaßstab des Beurteilers richtet.

2) Wenn von ‚Verhaltensstörungen' die Rede ist, dann handelt es sich um das *Ergebnis* eines Beurteilungsvorganges, in dem eine Reihe von Faktoren ganz eng miteinander verbunden sind: das Verhalten, das durch bestimmte Reize ausgelöst wird; Personen, die das gezeigte Verhalten beurteilen, sowie eine Reihe von Rahmenbedingungen, die als Auslöser, Verstärker oder verhaltenshemmende Faktoren wirken!

3) Je auffällig anders *oder* je weniger häufig ein bestimmtes Verhalten gezeigt wird, desto eher besteht die Möglichkeit, daß dieses Verhalten als ‚auffällig' bezeichnet wird (= Abweichung von der statistischen Norm).

4) In jeder Gesellschaft, so auch in der Bundesrepublik Deutschland, herrschen „ideale Normvorstellungen" vor, die einem „Sollwert" gleichgestellt werden. Das bedeutet, daß Menschen eine Vorstellung darüber besitzen (und äußern), wie sich z.B. Kinder verhalten sollen. Weichen nun Personen von dieser gewünschten Norm ab, wird von ihnen verlangt, daß sie sich dem Sollwert angleichen bzw. anpassen und somit ein großes Maß an Konformität hergestellt ist bzw. wird. Auf das Problem „Verhaltensstörung" bezogen bedeutet das, daß bestimmtes Verhalten durch die Unterschiedlichkeit von aktuellen, bestehenden Normen als „abweichend" etikettiert wird. „Abweichendes Verhalten" wird nicht zuletzt dadurch geschaffen, daß bestimmte gesellschaftliche Gruppen Regeln und Werte aufstellen, deren Überschreitung ein abweichendes Verhalten begründet.

Verhaltensstörung' – Signal- und Problemlöseverhalten

Es soll nun versucht werden, anhand von einigen wenigen Beispielen die Frage zu beantworten, ob ,Verhaltensstörungen' tatsächlich ,,gestörtes Verhalten" darstellen oder ob sie nicht vielmehr sinnvolles und situationsangemessenes Signal- und Problemlöseverhalten von Kindern sind.

(Anmerkung: Dabei sind die Beispiele zwar verkürzt, aber im Hinblick auf die Fragestellung trotzdem aussagekräftig.)

1) Der 5-jährige Thomas – so berichtet die Erzieherin im Kindergarten – fällt in seiner Gruppe dadurch auf, daß er sich einerseits sehr häufig mit den Kindern prügelt, andererseits ihre Spielaktionen dadurch stört, daß er ihnen Spielzeug wegnimmt, die Spielenden ärgert und Spielunterbrechungen provoziert.

Bei genauerer Beobachtung von Thomas *und* der Gruppe *sowie* der Gruppenerzieherin wird deutlich, daß er durch Untergruppenbildung der anderen Kinder nicht die Möglichkeit erhält, bei ihren ,,Kleingruppen-Spielaktivitäten" mitzumachen. Auf seine Anfragen hin reagieren die Kinder gar nicht bzw. ablehnend!

Eine Analyse der Gruppenstruktur weist einerseits eine starre, unbewegliche Beziehungs-/ Ablehnungsstruktur auf, andererseits ist Thomas aufgrund der Rollenzuweisung zum Außenseiter erklärt worden. Diese (seine) Rolle wird nicht zuletzt dadurch manifestiert, daß die Erzieherin nur dann *zu* ihm Kontakt aufnimmt (statt *mit* ihm in vielerlei Situationen eine positive Beziehung aufbaut und pflegt), wenn er ,,seine Verhaltensstörungen" zeigt. Sogenanntes angemessenes Verhalten wird weder von den Kindern noch der Erzieherin bemerkt, geschweige denn aufgegriffen und verstärkt.

Fazit: Thomas scheint unter der Belastung zu stehen, evtl. ganz aus der Gruppe und der Beziehung zur Erzieherin ausgeschlossen zu werden; seine Erfahrung, daß die Kinder und seine Erzieherin nur dann mit ihm kontakten, wenn er sich – aus Sicht der anderen – ,unangemessen' verhält, veranlassen ihn, sich – folgenotwendig – auch so zu verhalten, um damit wenigstens einen ,losen Kontakt' zu halten. Thomas zeigt sicherlich ein sinnvolles und situationsangemessenes Problemlöseverhalten, das aber gleichzeitig auch für die Erzieherin eine Signalbedeutung haben sollte.

2) Katrin, 4 Jahre alt, zeigt im Kindergarten vor allem dann ein übermäßig ängstliches Verhalten, wenn die Erzieherin Anforderungen an sie stellt, wie z.B. in der Nachbargruppe etwas erfragen, Aufgaben vor der Gruppe ausführen, ein Stückchen eines Liedes vorsingen oder während der Bewegungserziehung eine Übung vormachen.

Da wir wissen, daß Angstäußerungen seelische Entlastung zur Folge haben und gleichzeitig das Bedürfnis von Kindern nach Schutz signalisieren, ist Katrins Verhalten *keine* „Verhaltensstörung", sondern ein sinnvolles und situationsangemessenes Signal- und Problemlöseverhalten, weil es ihre ihr zur Verfügung stehende Möglichkeit ist, sich zu beruhigen und ihre Angst nicht größer werden zu lassen.

3) Arno ist 8 Jahre alt und besucht die 2. Grundschulklasse. Sowohl sein Lehrer als auch die Eltern klagen über zunehmende Konzentrationsschwäche und auffällige Konzentrationsstörungen.

Schauen wir uns die „Symptome Konzentrationsschwäche und -störungen" etwas genauer an, dann erfahren wir, daß sie das *Ergebnis* vielerlei Auslöser und Ursachen sein können:

a) die Kinder sind einem sehr starken Leistungsdruck ausgesetzt,

b) sie haben Angst, möglicherweise zu versagen,

c) sie fühlen sich durch die Anforderungen überfordert,

d) ihnen fehlt die Möglichkeit, mit anderen über ihr Problem zu sprechen,

e) sie finden mit ihrem Problem bei Eltern, Erziehern oder Lehrern kein Verständnis,

. . .

Fazit: Das für Arno bestehende Problem in der Schule ist noch nicht gelöst; „seine Verhaltensstörung Konzentrationsschwäche" dient folgerichtig als Signal dazu, aufzuzeigen, daß eine Lösung seiner Konflikte notwendig ist. Solange es ungelöst bleibt, solange hat auch „seine Verhaltensstörung" einen Sinn; ebenso ist sein Signal situationsangemessen, weil „sein Problem" mit den bestehenden Rahmenbedingungen in direktem Zusammenhang steht.

Die Beispielnennung könnte hier ebenso lange fortgesetzt werden, wie es „Verhaltensauffälligkeiten" gibt. Eines haben sie aber immer gemeinsam: sogenanntes „abweichendes Verhalten" ist ein dem Kind als adäquate Möglichkeit zur Verfügung stehendes Problemlöseverhalten, mit dessen Hilfe es versucht, seine Probleme, die durch bestehende und angewandte Werte, Normen und Sanktionen anderer entstanden sind, zu bewältigen. Trotz einiger Buchveröffentlichungen und einer Reihe von Aufsätzen in Fachzeitschriften zum Themenbereich „Verhaltensauffälligkeiten" auf der Grundlage des „sozialpsychologischen Modells" zur Erklärung von abweichendem Verhalten ähnelt die Sichtweise vieler Erzieher eher dem „medizinischen Modell". Die Frage, warum dies so ist, läßt viele Antworten zu:

1) Der Begriff „Verhaltensauffälligkeit" wird hauptsächlich dann gebraucht, wenn Qualität und Quantität ‚anderen Verhaltens' nicht dem eigenen Erfahrungsbereich entspricht.

2) Häufig fühlen sich Erzieher mehr dem Norm- und Wertesystem eigener bzw. gesellschaftlicher Vorstellung verpflichtet als sich einem vermeintlichen Risiko auszusetzen, Werte und Normen neu zu sehen und sie umzugestalten.

3) Verhaltensweisen anderer, so auch bei Kindern, die als störend erlebt werden, fördern eher eine Abwehrhaltung bei Menschen als eine Annahme.

4) Verhaltensauffälligkeiten aus der Sicht von sinnvollem und situationsangemessenem Signal- und Problemlöseverhalten bei Kindern verlangen aufgrund ihrer Mehrschichtigkeit ein intensives und engagiertes Arbeiten; dagegen ist eine medizinische Sichtweise und der Wortgebrauch von Verhaltensstörungen weitaus einfacher und zeitsparender (z.B. aggressiv = Problemkind.).

5) Viele Erzieher sind im Umgang mit Gefühlen von Kindern – nicht zuletzt auf der Grundlage der eigenen Lerngeschichte – hilflos, unerfahren und unsicher.

6) Die Existenz von sog. professionellen Helfern (Psychiatern, Erziehungsberatungsstellen, Psychotherapeuten, heilpädagogischen Heimen, Spezialschulen . . .) verleitet Erzieher dazu, Verantwortung abzugeben und Kinder an „entsprechende Fachleute / Institutionen" weiterzuleiten.

7) Und schließlich: Die Angst vieler Erzieher, *eigenes* Verhalten als Ursache oder Auslöser für kindliche Verhaltensauffälligkeiten im Sinne des „sozialpsychologischen Modells" zu sehen und zu verstehen; das würde nämlich bedeuten, sich einerseits in die Gesamtbetrachtung miteinzubeziehen und andererseits, sich mit eigenen Verhaltensweisen wie Angst, Agressivität, Wut, Ärger, Vermeidungsverhalten, Isolation etc. auseinanderzusetzen.

Ebenso wie Verhaltensauffälligkeiten das Ergebnis einer Auseinandersetzung des Kindes mit seiner Umwelt ist und damit vielschichtige Ursachen, Auslöser und Verstärker hat, verlangt auch die Arbeitsweise i.S. des sozialpsychologischen Ansatzes ein breites und zielgerichtetes Tätigwerden. Anknüpfpunkt für *problemverändernde* Maßnahmen sind immer die Situationen, in denen Kinder ihre Probleme signalisieren. Die Identifikation der Störquellen als Ursache / Verstärker / Auslöser für auffälliges Verhalten ist dabei die wesentliche Voraussetzung für eine Intervention. So müssen alle institutionellen, personellen und sachlichen Bedingungen, unter denen das auffällige Verhalten auftritt, analysiert werden; es folgt eine Formulierung und Erhebung von Hypothesen über die Situationen, die Verhaltensauffälligkeiten auslösen, und schließlich werden reale Möglichkeiten zur

zur Problemveränderung ausgewählt und in die Praxis umgesetzt. Dabei kann schon bei der Bedingungsanalyse deutlich werden, auf welcher Ebene eine Veränderung anzustreben ist:

— in der Institution, ihren Rahmenbedingungen, Werten und Regeln,

— in der Gruppe, bei Kollegen, bei Eltern und deren Verhalten,

— bei der eigenen Person,

— bei den Lebensbedingungen /-umständen des Kindes.

Lassen Sie uns alle *Bedingungen* im alltäglichen Leben *schaffen*, die es Kindern und uns selbst ermöglichen, möglichst wenig ‚Verhaltensauffälligkeiten‘ zu zeigen.

Lassen Sie uns erst die Kinder und ihre ‚Verhaltensauffälligkeiten‘ *verstehen*, bevor wir erziehen.

1.1. Selbstbeobachtung — eine notwendige Arbeit vor der Fremdbeobachtung

Eine wesentliche Rolle in der pädagogischen Arbeit spielt die Beobachtung, wobei der Erzieher durch die rationale Planung des pädagogischen Vorgehens einerseits und sein problemspezifisches bzw. situatives Verhalten andererseits Entscheidungen trifft, die den weiteren Verlauf der Arbeit bestimmen und damit auch die Entwicklungsmöglichkeiten des Kindes hemmen oder fördern.

Wenn ich von kindzentriertem Beobachten spreche, so ist dies auch nichts anderes als eine soziale Interaktion, eine durch Kommunikation vermittelte, wechselseitige Beeinflussung von Kind und Erzieher hinsichtlich ihres Handelns, Denkens und Fühlens. Beobachtung und Kommunikation ist eine Subjektbeziehung und sie bestimmt das Leben beider Aktionspartner mit. Beide haben sich ihre eigene, persönliche Wertstellung aufgebaut, die nicht so sehr durch direkte Beobachtung erstand, sondern in erster Linie von der Sozialisation her bestimmt ist.

In der gesamten Arbeit kommunizieren wir nicht nur durch die Sprache, sondern auch durch Blickkontakt, Gestik, Mimik, Pantomimik und den Hautkontakt. Dabei verschlüsselt der eine Kommunikationspartner (nehmen wir einmal an, es ist der Erzieher) zum Beispiel seine Gefühle, Gedanken und Absichten in ganz bestimmte Zeichen (Gesten, Töne, Wörter), wobei die wahrgenommenen Signale nun vom Empfänger entschlüsselt werden müssen, damit er auch die Mitteilung versteht. Er (dies trifft natürlich auch für den Erzieher zu) kann es jedoch nur, wenn er über einen mit dem „Sender“ gemeinsamen Zeichenvorrat und über gemeinsame Verknüpfungsregeln verfügt. Wie oben erwähnt, entwickelt sich der individuelle Kode während der Erziehung aufgrund von Lernvorgängen und deshalb kann es Schwierigkeiten wegen des nichtidentischen Zeichenvorrates zwischen dem Erzieher und dem Kind geben.

Ich glaube, daß sich gerade der Erzieher der Grundtatsache menschlichen Kommunikationsverhaltens bewußt sein muß, daß er *nicht nicht* kommunizieren kann. Während der pädagogischen Arbeit sind weder das Kind noch der Erzieher in der Lage, nicht zu kommunizieren. Selbst wenn sie nicht miteinander sprechen oder sich voneinander abwenden, beinhaltet dies eine ganz bestimmte Information für den Kommunikationspartner. Beide interpretieren das Verhalten des anderen für sich und ordnen es in bestimmte Wahrnehmungsraster (Hinweis: „Alltagstheorien") ein.

Auch die Tatsache, daß jede Kommunikation einen Inhalts- und Beziehungsaspekt hat, wobei der Beziehungsaspekt dem Inhaltsaspekt übergeordnet ist und dessen Verständnis mitbestimmt, sollte den Erzieher dazu führen, sich seiner *Beziehung* zum Kind *deutlich* zu werden, denn in der Regel sind sich die Kommunizierenden der Beziehungsebene in ihrer Kommunikation kaum bewußt (häufig liegt hier ein Ausgangspunkt für Beziehungsstörungen und die Entstehung / Festigung von auffälligem Verhalten eines Kommunikanten). So bestimmt die Beziehung zwischen dem Erzieher und dem Kind auch eine für das Kind „erfolgreiche" Arbeit.

Wenn wir wissen, daß die Art einer Beziehung durch die Interpunktion der Kommunikationsabläufe seitens der Partner bedingt ist, so können sich Störungen im Beziehungsverhalten kreisförmig („Teufelskreis") entwickeln und ohne Ende fortsetzen. Jeder der beiden Kommunikationspartner in der pädagogischen Arbeit sieht nur jeweils das Verhalten des anderen und macht *dies* zum Ausgangspunkt seiner eigenen Handlungsweise. In diesem Fall interpretiert jeder Kommunikant sein Verhalten aus dem vorhergehenden Verhalten des anderen, und beide schaffen es nicht, ihr eigenes Verhalten als Voraussetzung für das Verhalten des anderen zu verstehen und zu begreifen. Damit werden schnell Wertungen aufgebaut und Stigmatisierungsprozesse beginnen (zu wirken!). In der pädagogischen Arbeit handelt es sich um eine komplementäre (durch Rangunterschiede ausgezeichnete) Situation. Der Erzieher hat aufgrund seines Erfahrungsvorsprungs und seiner Berufsrolle die Möglichkeit, Einfluß darauf zu nehmen, wann welche Kommunikationssituationen zustande kommen und wie sie im einzelnen gestaltet werden können! Gerade diese Tatsache sollte ihn aber daran hindern, Rangunterschiede herauszustellen und inhaltliche Richtungen festzulegen (Entfernung vom Kind; Fremdbestimmung).

Kommunikationsstörungen können auch auf Seiten des Erziehers — wie schon kurz angesprochen — dadurch initiiert werden, wenn er nicht in der Lage ist, Gedanken, Absichten und Gefühle in deutliche beobachtbare Verhaltensweisen umzusetzen. Er kann aufgrund seiner Sozialisationsgeschichte, fehlender Sachkompetenz oder Erfahrung nicht fähig sein, Information adäquat zu vermitteln. Gefühle und Bedürfnisse können es ihm unmöglich machen, sich mitzuteilen; soziale Normen können sich störend auf die Kommunikation auswirken und Diskrepanzen zwischen verbalen und nichtverbalen Signalen verunsichern das Kind. Dadurch ist das Kind nicht in der Lage, die Rückmeldungen des anderen „richtig" zu deuten. Ist der Erzieher in der Rolle des Empfängers, so können auch hier Wahrnehmungsprobleme auftreten. Nimmt er Mitteilungen nur selektiv auf, so ist ein kindzentriertes Beobachten und Arbeiten nicht möglich. Die wichtigsten quantitativen Wahrnehmungsstörungen sind dabei z.B. Überempfindlichkeit bzw. eine verminderte Empfindlichkeit hinsichtlich der Aufnahme vermittelter Reize (z.B. bei Erschöpfungszuständen oder bei starken Erregungszuständen). Qualitative Wahrnehmungsstörungen können entstellte Wahrnehmungen sein oder Fehlerkennungen bzw. Fehldeutungen realer Situationen bewirken.

1.2 Kreativität und Sensitivität des Erziehers — eine Voraussetzung für kindzentriertes Beobachten als Bedingung zum Verstehen von auffälligem Verhalten

Kreativität: Es ist nicht leicht, zu einer verbindlichen Definition von Kreativität zu kommen. Es gibt kein einheitliches und stimmiges Bild des kreativen Individuums, dennoch wurden viele Versuche unternommen, die kreative Persönlichkeit zu charakterisieren. Ich möchte versuchen, als erstes Merkmal der Kreativität die Fähigkeit zu beschreiben, neue und ungewöhnliche Wege der Problemlösung zu gehen. Neu kann hier selbstverständlich nicht bedeuten, neu für eine anonyme Allgemeinheit, sondern neu für das Individuum und das es umgebende soziale Umfeld. Eigenschaften einer kreativen Persönlichkeit können dann vielleicht so aussehen:

— eine offene Haltung gegenüber dem Kind und seiner Umwelt,

— Verhaltensweisen zur Verfügung haben, differenziert auf Situationen zu reagieren,

— Kritikfähigkeit auszubauen und zu praktizieren,

— Energie in sich zu spüren und zu verwerten,

— Erfolgsmotiviertheit zu zeigen,

— Mut zu haben,

— Selbständigkeit zu entwickeln und zu zeigen,

— die Fähigkeit zu entwickeln, sich von konventionellen, traditionellen Anschauungen zu lösen und neue dagegenzusetzen,

— Konflikttoleranz zu zeigen,

— Frustrationstoleranz zu entwickeln,

— Initiative einbringen,

— Verantwortungsgefühl zu haben.

Kreativität ist also kein einheitlicher Komplex; sie besteht vielmehr aus einer Reihe von Verhaltensweisen, von der eine Person — je nach dem, wie kreativ sie ist — mehr oder wenig „viele" besitzt.

Einige Kreativitätsforscher bringen die wichtigsten Verhaltensweisen eines Menschen auf folgende Begriffe:

Flexibilität: dies ist die Fähigkeit, viele frühere Erfahrungen nicht nur im Gedächtnis gespeichert zu haben, sondern sie im Augenblick abrufen zu können, spontan aus den damaligen Erlebnissen umzusetzen und auf das jetzige Problem zu übertragen.

Originalität: hiermit sind Verhaltensweisen angesprochen, die sich dadurch auszeichnen, daß Probleme und allgemeine Gegebenheiten ‚anders' als üblich gesehen werden. Originalität bedeutet damit, ‚anderes Verhalten als gemeinhin erwartet' zu praktizieren, um Situationen frei von Denkschemata und Konventionen neu zu gestalten.

divergentes Denken: dies ist im Gegensatz zum konvergenten Denken (die aufgenommenen Informationen führen beim Empfänger nur zu (s)einer einzigen richtigen und herkömmlichen Antwort) die Fähigkeit, in verschiedenen Richtungen zu denken, viele Möglichkeiten zu überlegen und nach verschiedenen Lösungswegen zu suchen.

Elaboration: mit diesem Begriff werden Verhaltensweisen angesprochen, die notwendig sind, um ein Vorhaben präzise anzugehen. Das bedeutet, daß derjenige, der eine Lösung sucht, in sich geht und eine genaue Vorstellung in Einzelschritten zerlegt und damit zu exaktem Planen gelangt.

Sensitivität für Probleme: durch die Offenheit den Kindern und der sozialen Umwelt gegenüber gelangt der Erzieher zu der Fähigkeit, Probleme überhaupt als solche zu erkennen und zu erleben. Damit erfaßt er Schwierigkeiten, die er vorher nicht oder nur zum Teil gesehen hat.

Das Bündel von Fähigkeiten, das mit Kreativität bezeichnet wird, ist notwendig zur gedanklichen Bewältigung von Schwierigkeiten und Aufgaben des täglichen Lebens und damit auch zu ‚erfolgreichem' sozialem Handeln. Kreativität kann der Erzieher aber nicht nur in seiner pädagogischen Arbeit gebrauchen, sondern in jeder Situation seines Lebens!

Auf die Arbeit im Kindergarten bezogen könnte der kreative Prozess vielleicht so aussehen: der Erzieher arbeitet mit den vorhandenen Informationen über das Kind und investiert seine früheren Erfahrungen, kombiniert sie mit den jetzigen Beobachtungen, überträgt sie zu neuen gedanklichen Inhalten und kommt so zu einer Problemlösung, die die Bedürfnisse sowohl des Kindes als auch des Erziehers berücksichtigen und befriedigen. Das setzt voraus, daß der Erzieher das Kind mit seinen Werten akzeptiert und ihm volles Vertrauen schenkt, gleich in welchem Zustand es sich zur Zeit auch befindet. Gleichzeitig ist eine Atmosphäre wichtig, in die keine äußere Bewertung eindringt. Das kritische und bewertende Auge des Erziehers macht das Kind unsicher, treibt es in die Defensive und beschränkt damit auch seine Wahrnehmung.

Kreatives Verhalten beim Erzieher wird sicherlich dadurch abgeblockt, wenn er erfolgsorientiert arbeiten möchte und zum Beispiel nur das in die Arbeit einbringt, was ihm persönlich einen Erfolg garantiert. Wagt es der Erzieher nicht, sich von der Konformität hinsichtlich seiner Kollegen zu lösen, aus Angst vielleicht, anders zu sein als die anderen, verbaut er sich damit selbst den Weg, sich selbst und seine Umwelt und damit vor allem auch die Kinder neu zu entdecken. Öffnet sich der Erzieher seinen Kollegen und den Kindern gegenüber nicht, so hindert ihn das ganz erheblich an der Entwicklung seiner Kreativität. Die Überbewertung von Vernunft und Logik, Angst vor Fehlern, Drang nach Perfektionismus oder Autoritätsgläubigkeit sind weitere Faktoren, die kreatives Arbeiten und damit kindzentriertes Beobachten verhindern.

Wenn ich mich frage, wofür Kreativität wichtig ist, so muß ich sagen, daß ich mich dadurch entfalten, selbstverwirklichen, aktualisieren und bewußter leben kann — gerade im Hinblick auf die gesamte pädagogische Arbeit.

Wenn ich mich weiter frage, wodurch ich kreativ werden kann, so habe ich die Erfahrung gemacht, daß ich mich meinen Mitmenschen und der Umwelt gegenüber öffne und aufgeschlossen bin, mich mit ihr auseinandersetze und mich von ihr herausfordern lasse. Wenn ich als Pädagoge für mich vier Phasen kreativen Handelns gefunden habe, nämlich der „Problemstellung", „der Suchphase", „der Problemlösungsvorstellung" und der „Verwirklichung der Lösung selbst", so bedeutet für mich die pädagogische Arbeit mit Kindern, Jugendlichen und Erwachsenen Freude über meine Gedanken und Handlungen, Spüren eines echten Interesses und der Neugierde im Verhältnis zu Kindern, Jugendlichen und Erwachsenen. Außerdem fühle ich in mir die Motivation, persönliche Einstellungen, Prozesse und Verhältnisse bei mir zu ändern und Lust an der Interaktion mit vielen Menschen zu spüren.

Sensitivität: Sensitivität kann vielleicht mit den Begriffen wie Empfindsamkeit,

Feinfühligkeit oder der Fähigkeit, Gefühlsreize aufzunehmen, beschrieben werden. Die Ausbildung der Sensitivität bedeutet aber auch vor allem die Vergrößerung der Fähigkeit, Sinnesreize adäquat aufzunehmen.

Gehen wir davon aus, daß zum Glücksempfinden des Menschen eine Erfüllung durch die Sinne gehört, so kann eine Verfeinerung der Sinneswahrnehmung die Fähigkeit, glücklich zu werden, steigern. Eine weitere Bedeutung der Sensitivität (neben ihrem Beitrag zum Glücksempfinden) liegt in ihrer Voraussetzung für erfolgreiche Interaktion und Intervention, gerade innerhalb der pädagogischen Arbeit mit Kindern. Das heißt, wenn wir als Erzieher die mit uns arbeitenden Kinder verstehen wollen, müssen wir sensitiv für ihre Ausdrucksweise sein; wir müssen uns in ihre Lage versetzen können. Somit ist Sensitivität gleichzeitig eine Verhaltensweise unseres sozialen Verhaltens. Meiner Ansicht nach ist die Hauptquelle, aus der auch die psychischen Verhaltensschwierigkeiten der Erzieher resultieren, eine Erfahrungsunfähigkeit, zumal wir z.B. fast nur noch optisch und akustisch miteinander kommunizieren, unser Geschmacks- und Geruchssinn industriell deformiert wird und der Tastsinn, unser größtes Sinnesorgan, schon fast wieder etwas Unanständiges ist. Unsere Wahrnehmung wird ständig mit äußeren Reizen gefüttert, so daß zum Beispiel kaum noch eine Möglichkeit besteht, in uns reinzuhorchen oder die Kinder so wahrzunehmen, daß wir von kindzentriertem Beobachten sprechen können. Viele Erzieher sind auch darauf ausgerichtet, Kindern insofern mit Mißtrauen zu begegnen, weil sie sich fürchten, ausgenutzt oder nicht verstanden zu werden. Sensitivität aber löst in uns eine größere Wachheit der Sinne aus, eine tiefere Einsicht in unser Verhalten und das der Kinder, eine Erweiterung sinnlicher Wahrnehmung, eine Erhöhung des Ausmaßes an Selbstbestimmung in der Bewältigung unseres eigenen Lebens und der Steigerung der Fähigkeit, Ziele zu erreichen — nicht zuletzt im Umgang mit Kindern, die besondere Probleme und Schwierigkeiten haben —.

Sensitivität und Kreativität des Erziehers — eine Voraussetzung für kindzentriertes Beobachten als Bedingung zum Verstehen von „auffälligem Verhalten" — sind Verhaltensweisen, die auf dem Lernprinzip beruhen, daß Lernen nicht nur auf verstandesmäßiger Einsicht (kognitive Ebene) geschieht, sondern vor allem durch gefühlsmäßiges Erleben (emotionale Ebene) und Handeln (motorische Ebene). Durch die beiden letztgenannten Ebenen können lernhemmende Mechanismen wie Verteidigungshaltung, Konkurrenzdenken, lähmende Apathie, Resignation und destruktive Aggressivität erkannt und überwunden werden. Ebenso können aber auch lernfördernde Faktoren wie Freude und Lust, Interesse an Lösungsmethoden für praktische Probleme, Neugierdeverhalten, Wunsch nach intensivem Kontakt, Kommunikation und gegenseitige Unterstützung aktiviert werden — dies alles unter der Voraussetzung, daß sich der Erzieher auf ein ständiges Erfahrungslernen einläßt. Er selbst wäre damit der Ort, der Gegenstand und das Medium des Lernens. Es ist wünschenswert, daß sich Erzieher einer Einrichtung einigen können, gemeinsam in der Gruppe soziales Lernen geschehen zu lassen. Basis des sozialen Lernens ist die Selbsterfahrung, das Sich-Selbst-Kennenlernen in Interaktionsprozessen, vor allem auch an den Reaktionen der Mitarbeiter. Durch das „Erfahrungmachen über sich selbst" werden eigene Kommunikations(un)fähigkeiten überprüft und Handlungs(un)fähigkeiten erlebt und verändert werden können. Und gerade das ist wichtig für den Umgang mit Kindern, die besondere Probleme haben. Damit steht in der Arbeit mit „verhaltensauffälligen Kindern" *keine* Technik im Vordergrund, sondern zunächst die Arbeit des Erziehers an sich selbst!

1.3 Literaturhinweise zum Themenbereich
„Verhaltensauffälligkeiten – Verhaltensstörungen"

Abele, A., Mitzlaff, S. und Nowack, W.: Zur Definition abweichenden Verhaltens in Abhängigkeit vom Kontext. In: Walter, H. (Hrsg.): Sozialisationsforschung, Band 3. Stuttgart 1975

Bach, H., Knöbel, R., Arenz-Morch, A. und Rosner, A.: Verhaltensauffälligkeiten in der Schule. Statistik, Hintergründe, Folgerungen. Berlin 1986

Becker-Textor, M.: Verhaltensauffällige Kinder im Kindergarten – in der Ausbildung vernachlässigt? In: Informationsdienst für Dozenten an sozialpädagogischen Ausbildungsstätten. München Heft 3/4, 1988

Becker-Textor, I.: Schwierige Kinder gibt es nicht. In: Kindergarten heute – zeitschrift für erziehung im vorschulalter. Freiburg Heft 3, 1988

Becker-Textor, I.: Schwierige Kinder gibt es nicht – oder doch? „Problemkinder" im Kindergarten. Freiburg 1990

Becker, H.L.: Außenseiter. Zur Soziologie abweichenden Verhaltens. Frankfurt 1973.

Bittner, G., Ertle, L. und Schmidt, V.: Schule und Unterricht bei verhaltensgestörten Kindern. In: Deutscher Bildungsrat: Gutachten und Studien der Bildungskommission Sonderpädagogik. Stuttgart 1974

Blackham, G.J., Silbermann, A.: Grundlagen und Methoden der Verhaltensmodifikation bei Kindern. Weinheim 1975

Blackham, G.J.: Der auffällige Schüler. Weinheim 6. Aufl. 1979

Bleidick, U.: Individualpsychologische Aspekte der Förderung bei verhaltensgestörten Kindern und Jugendlichen. Kursmaterialien zum Fernstudium „Sonderpädagogik". Fernuniversität – Gesamthochschule – Hagen, 1982

Bönner, K.H. und Distel, A.: Rollenspiel und Soziodrama bei verhaltensgestörten Kindern und Jugendlichen. Kursmaterialien zum Fernstudium „Sonderpädagogik". Fernuniversität – Gesamthochschule – Hagen, 1982

Borchert, J.: Lehrerverhalten und Lehrertraining im Hinblick auf verhaltensgestörte Kinder und Jugendliche. Kursmaterialien zum Fernstudium „Sonderpädagogik". Fernuniversität-Gesamthochschule-Hagen, 1982

Brack, U.: Frühdiagnostik und Frühtherapie. Psychologische Behandlung von entwicklungs- und verhaltensgestörten Kindern. Weinheim 1986

Brusten, M. und Hurrelmann, K.: Abweichendes Verhalten in der Schule. Eine Untersuchung zu Prozessen der Stigmatisierung. München 1973

Bundesminister für Bildung und Wissenschaft (Hrsg.): Verhaltensstörungen im Kindergarten vorbeugen. In: BMfBW (Hrsg.): Information Bildung und Wissenschaft. Bonn, Nr. 3/1982

Bundschuh, K.: Dimensionen der Förderdiagnostik. Bei Kindern mit Lern-, Verhaltens- und Entwicklungsproblemen. München 1985

Charlton, M., Feierfeil, R., Furch-Krafft, E. und Wetzel, H.: Konfliktberatung mit Kindern und Jugendlichen. Eine Einführung in sozial-kognitive Beratungsstrategien. Weinheim/Basel 1980

Bröcher, A., Fitting, K. et al.: Persönlichkeit oder Fachlichkeit? Eine Einführung in die aktuelle Verhaltensauffälligkeit und Erziehungstherapie. München 1989

Cohen, A.K.: Abweichung und Kontrolle. München 1972

Cohen, R.: Zum Problem der Systematik psychogener Störungen aus lern- und denkpsychologischer Sicht. In: Förster, E. und Wewetzer, K.-H. (Hrsg.): Systematik der psychogenen Störungen. Stuttgart/Bern 1968

Czerwenka, K.: Lern- und Verhaltensstörungen in der Schule. Systemische Bedingungen, ihre Hintergründe und ihre Begegnungsmöglichkeiten. Donauwörth 1986

Dörner, K. und Plog, U: Irren ist menschlich. Oder: Lehrbuch der Psychiatrie. Wunsdorf 1978

Dolto, F. Wenn die Kinder älter werden. Alltagsprobleme in Schule, Familie und Freizeit. Weinheim/Basel 2. Aufl. 1988

Dutschmann, A.: Aggressivität bei Kindern. Handbuch für die pädagogische Praxis. Dortmund 1982

Engel, G.: Psychisches Verhalten in Gesundheit und Krankheit. Ein Lehrbuch für Ärzte, Psychologen und Studenten. Bern 2. Aufl. 1976

Ertle, Chr. und Möckel, A.: Fälle und Unfälle der Erziehung. Stuttgart 1981

Flavell, J.H.: Rollenübernahme und Kommunikation bei Kindern. Weinheim 1975

Goetze, H. und Neukäter, H.: Strukturierte und schülerzentrierte Unterrichtsansätze bei Verhaltensgestörten. Kursmaterialien zum Fernstudiengang „Sonderpädagogik". Fernuniversität – Gesamthochschule – Hagen, 1982

Goldner, St., Haas, U. et al.: Bausteine für die Arbeit in Kindergarten und Hort. Band II: Baustein 4 – Verhaltensauffällige Kinder. Weinheim 1981

Gräser, H. und Lederer, M.: Störende Schüler – unruhige Klasse. Hilfen für den Schulalltag. München 1982

Hanke, B. Huber, G.L. und Mandl, H.: Aggressiv und unaufmerksam. München 1976

Heckhausen, H.: Die Interaktion der Sozialisationsvariablen in der Genese des Leistungsmotivs. In: Graumann, C.F. (Hrsg.): Handbuch der Psychologie, Band 7, 2. Halbband. Göttingen 1972

Heckhausen, H.: Faktoren des Entwicklungsprozesses. In: Weinert, F.E., Graumann, C.F., Heckhausen, H. und Hofer, M. (Hrsg.): Funkkolleg Pädagogische Psychologie, Band 1. Frankfurt 1971

Heinzel, J.: Angstabbau bei Schülern durch Entspannung. Eine empirische Überprüfung der Möglichkeit des Angstabbaus bei verhaltensauffälligen Schülern durch Anwendung der Progressiven Muskelentspannung unter Bedingungen der Praxis. Berlin 1987

Hilsheimer, G.v.: Verhaltensgestörte Kinder und Jugendliche. Übungsprogramme und praktische Anregungen für Erzieher, Lehrer und Eltern. Ravensburg 1975

Huber, F.: Pädopathologie der Verhaltensauffälligkeit: Genese, Therapie und Prophylaxe. Ein empirischer Beitrag zur Verhaltensauffälligkeit im Schulalter und zur heilpädagogischen Therapie im Erziehungsfeld Familie, Schule, Beratungsstelle. Heidelberg 1982.

Iben, G.: Verhaltensstörungen als abweichendes Verhalten. Kursmaterialien zum Fernstudiengang „Sonderpädagogik". Fernuniversität – Gesamthochschule – Hagen, 1984

Irskens, B.: et al.: Auffällige Kinder. Materialien für die sozialpädagogische Praxis 1. Frankfurt 1978

Jörgensen, M. und Schreiner, P.: Kampfbeziehungen. Wenn Kinder gegen Erwachsene kämpfen – Erklärungen und Lösungen. Reinbek 1989

Kaminski, G.: Verhaltenstheorie und Verhaltensmodifikation. Stuttgart 1970

Kanfer, F.H. und Goldstein, A.P.: Möglichkeiten der Verhaltensänderung. München 1977

Keckeisen, W.: Die gesellschaftliche Definition abweichenden Verhaltens. Perspektiven und Grenzen des „labeling approach". München 1974

Keupp, H.: Modellvorstellungen von Verhaltensstörungen – medizinisches Modell und mögliche Alternativen. In: Kraiker, Chr. (Hrsg.): Handbuch der Verhaltenstherapie. München 1974

Köhle, P.: Kindernöte – Elternsorgen. Vorschulkinder, Störungen und Hilfen. Berlin 1990

Kosubek, S.: Konfliktlösungen für Eltern und Jugendliche. Dortmund 2. Aufl. 1988

Krenz, A.: Verhaltensstörungen – ein „Defekt" des Kindes oder der Pädagogik? In: Theorie und Praxis der Sozialpädagogik. Bielefeld Heft 3, 1983

Krenz, A.: „Verhaltensauffälligkeiten" – sinnvolles und situationsangemessenes Signal- und Problemlöseverhalten von Kindern. In: Schüttler-Janikulla, K. (Hrsg.): Handbuch für Erzieher in Kindergarten, Krippe, Vorschule und Hort. München 6. Nachlieferung 1984

Krenz, A. und Rönnau, H.: Entwicklung und Lernen im Kindergarten. Psychologische Aspekte und pädagogische Hinweise für die Praxis. Freiburg 2. Auf. 1990

Kupffer, H.: Erziehung verhaltensgestörter Kinder. Heidelberg 1978

Langenmayr, A.: Die Berufstätigkeit von Müttern verhaltensgestörter Kinder. Eine empirische Untersuchung über die unbewußte Motivation und einige Folgen mütterlicher Berufstätigkeit für das Kind. Göttingen 1976

Lauth, G.W.: Verhaltensstörungen im Kindesalter. Ein Trainingsprogramm zur kognitiven Verhaltensmodifikation. Stuttgart 1983

Link, M. und Wieczorek, E.: Wenn Kinder Probleme haben. Psychische Störungen verstehen und wirkungsvoll helfen. Reinbek 1987

Martens, G.: Auch Eltern waren Kinder. Ursachen und Lösungen von Konflikten in der Familie. München 1989

Martikke, H.J.: Die Rehabilitation der Verhaltensgestörten. München 1978

Matakas, F.: Sprünge in der Seele. Psychische Erkrankungen und was man dagegen tun kann. Ein Handbuch. Reinbek 1989

Mehringer, A.: Eine kleine Heilpädagogik. Vom Umgang mit schwierigen Kindern. München 7. Aufl. 1982

Mitzlaff, S.: Erklärungen, Scheinerklärungen und ein heuristisches Modell, um den kritischen Zugang zu Theorien abweichenden Verhaltens zu strukturieren. In: Abele, A. et al.: Abweichendes Verhalten. Stuttgart 1975

Mollenhauer, K.: Theorien zum Erziehungsprozeß. München 1972

Molnar, A. und Lindquist, B.: Verhaltensprobleme in der Schule. Lösungsstrategien für die Praxis. Dortmund 1990

Mutzeck, W.: Verhaltensmodifikation in der Schule. In: Seiß, R. (Hrsg.): Beratung und Therapie im Raum der Schule. Bad Heilbrunn 1975

Mutzeck, W.: Sehen und Verstehen von Verhaltensstörungen in der Schule. In: Die Medizinische Welt. Stuttgart/New York Nr. 4/1980

Myschker, N. unter Mitarbeit von Langel, G.: Musik- und kunsttherapeutische Aspekte der Förderung verhaltensgestörter Kinder und Jugendlicher. Kursmaterialien zum Fernstudiengang „Sonderpädagogik". Fernuniversität – Gesamthochschule – Hagen, 1984

Myschker, N. unter Mitarbeit von Hoffmann, M.: Verhaltensgestörtenpädagogik im Strafvollzug. Kursmaterialien zum Fernstudiengang „Sonderpädagogik". Fernuniversität – Gesamthochschule – Hagen, 1982

Nehling, K. und Benkmann, K.H.: Sonderpädagogische Befunderhebung als Hilfe zur Förderung von Schulkindern mit Verhaltensstörungen. Heidelberg 1981

Neidhardt, W.: Kinder, Lehrer und Konflikte. Vom psychoanalytischen Verstehen zum pädagogischen Handeln. München 1977

Oerter, R., Dreher, E. und Dreher, M.: Kognitive Sozialisation und subjektive Struktur. München 1977

Perlwitz, E.: Verhaltensmodifikatorische Vermittlungsketten in der Schulpsychologie. In: Perlwitz, E.: Verhaltensformung in der Schule. Braunschweig 1978

Peuckert, R. und Asmus, H.J.: Abweichendes Schülerverhalten. Zur Devianzetikettierung in der Schule. Heidelberg 1979

Psychiatrie-Enquete: Bericht über die Lage der Psychiatrie in der Bundesrepublik Deutschland. Zur psychiatrischen und psychotherapeutischen/psychosomatischen Versorgung der Bevölkerung. Deutscher Bundestag, 7. Wahlperiode, Drucksache 7/4200 und 7/4201

Rogers, C.R.: Lernen in Freiheit. München 1974

Sagi, A.: Verhaltensauffällige Kinder im Kindergarten. Ursachen und Wege zur Heilung. Freiburg, 5. Aufl. 1988

Schepping, J.: Verhaltensstörungen in Kindergarten, Hort und Heim. Donauwörth 5. Aufl. 1980

Senator für Familie, Jugend und Sport: Raus bist Du . . . noch lange nicht. Problemkinder in der Kindergruppe – Anregungen und Informationen für Erzieherinnen. Berlin 1979

Shepherd, M., Oppenheim, B. und Mitchell, Sh.: Auffälliges Verhalten bei Kindern. Verbreitung und Verlauf. Eine epidemiologische Untersuchung. Göttingen 1973

Speck, O.: Pädagogische Modelle für Kinder mit Verhaltensstörungen. Berichte aus dem Ausland. München 1979

Sprau-Kuhlen, V.: Heimerziehung für verhaltensgestörte Kinder und Jugendliche. Kursmaterialien zum Fernkurs „Sonderpädagogik". Fernuniversität – Gesamthochschule – Hagen, 1982

Stallberg, F.W. (Hrsg.): Abweichung und Kriminalität. Hamburg 1975

Steinhausen, H.: Psychische Störungen bei Kindern und Jugendlichen. Lehrbuch der Kinder- und Jugendpsychiatrie. München 1988

Schmidt, M.H.: Verhaltensstörungen bei Kindern mit sehr hoher Intelligenz. Bern 1977

32

Tharp, R.G. und Wetzel, R.J.: Verhaltensänderungen in gegebenem Sozialfeld. München 1975

Thommen, B.: Alltagspsychologie von Lehrern über verhaltensauffällige Schüler. Bern 1985

Trieschman, A.E. et al.: Erziehung im therapeutischen Mileu. Ein Modell. Freiburg 6. Aufl. 1990

Trudewind, C.: Häusliche Umwelt und Motiventwicklung. Göttingen 1975

Utz, K.: Aggressives Verhalten im Kindergarten. In: kindergarten heute – zeitschrift für erziehung im vorschulalter. Freiburg Heft 2, 1983

Voss, R.: Anpassung auf Rezept. Die fortschreitende Medizinisierung auffälligen Verhaltens von Kindern und Jugendlichen. Stuttgart 1987

Winemann, D.: Steuerung des aggressiven Verhaltens beim Kind. München 5. Aufl. 1990

Wolff, G.: Kindliche Verhaltensstörungen als sinnvolles Signalverhalten. In: Zeitschrift für Heilpädagogik. Luzern/Schweiz, 29. Jahrgang, Heft 3/1978

1.4 Literaturhinweise zum Themenbereich „Kommunikation/Interaktion"

Adorno, T.W.: Studien zum autoritären Charakter. Frankfurt 1973

Arbeitsgruppe Bielefelder Soziologen (Hrsg.): Alltagswissen, Interaktion und gesellschaftliche Wirklichkeit. Symbolischer Interaktionismus und Ethnomethodologie/ Ethnotheorie und Ethnographie des Sprechens. Wiesbaden 1981

Argyle, M.: Soziale Interaktion. Köln 1972

Argyle, M.: Körpersprache und Kommunikation. Paderborn 1978

Atkinson, J.W.: Einführung in die Motivationsforschung. Stuttgart 1975

Auwärter, M., Kirsch, E. und Schröter, K.: Seminar – Kommunikation, Interaktion, Identität. Frankfurt 1976

Baacke, D.: Kommunikation und Kompetenz. Grundlegung einer Didaktik der Kommunikation und ihrer Medien. München, 3. Aufl. 1980

Bandler, R., Grinder, J. und Satir, V.: Mit Familien reden – Gesprächsmuster und therapeutische Veränderung. München 1978

Badura, B.: Kommunikative Kompetenz, Dialoghermeneutik und Interaktion. Eine theoretische Skizze. In: Badura, B. und Gloy, K.: Soziologe der Kommunikation. Stuttgart/Bad Cannstadt 1972

Baurmann, J., Cherubin, D. und Rehbock, H.: Neben-Kommunikation. Beobachtungen und Analysen zum nichtoffiziellen Schülerverhalten innerhalb und außerhalb des Unterrichts. Braunschweig 1981

Beth, H.: Einführung in die Kommunikationswissenschaft. Stuttgart 1976

Biere, B.U.: Kommunikation unter Kindern. Methodische Reflexion und exemplarische Beschreibung. Tübingen 1978

Bilzer, F.: Konfliktlernen. Informationsbedingungen und kommunikative Voraussetzungen von Konfliktbewußtsein, Konfliktfähigkeit und Konfliktbewältigung. Frankfurt 1978

Birkenbihl, V.F.: Kommunikationstraining. Zwischenmenschliche Beziehungen erfolgreich gestalten. München 10. Aufl. 1990

Brunner, E.J. (Hrsg.): Interaktion in der Familie. Berlin 1984

Burger, H. und Imhasly, B.: Formen sprachlicher Kommunikation. Eine Einführung. München 1978

Byrne, P.S. und Long, B.E.: Einübung in helfende Interaktion. Vorbereitung und Einführung in die Berufsausübung für Ärzte, Therapeuten, Schwestern, Pfleger, Sozialarbeiter. München 1978

Cardwell, J.D.: Sozialpsychologie. Ein Studienbuch zur Sozialisation durch symbolische Interaktion. Freiburg 1976

Cattell, R.B.: Die empirische Erforschung der Persönlichkeit. Weinheim 1973

Cofer, C.: Motivation und Emotion. München 1975

Copray, N.: Kommunikation und Offenbarung. Philosophische und theologische Auseinandersetzungen auf dem Wege zu einer Fundamentaltheorie der menschlichen Kommunikation. Düsseldorf 1983

Crott, H.: Soziale Interaktion und Gruppenprozesse. Stuttgart 1979

Dolto, F.: Über das Begehren. Die Anfänge der menschlichen Kommunikation. Stuttgart 1988

Edelstein, W. und Habermas, J.: Soziale Interaktion und soziales Verstehen. Beiträge zur Entwicklung der Interaktionskompetenz. Frankfurt 1984

Faber, W.: Erziehung und Kommunikation. Paderborn 1977

Flavell, J.H.: Rollenübernahme und Kommunikation bei Kindern. Weinheim 1975

Fittkau, B., Wüller-Wolf, H.-M., Schulz von Thun, F.: Kommunizieren lernen (und umlernen). Trainingskonzeptionen und Erfahrungen. Braunschweig 2. Aufl. 1983

Friedrichs, J.: Methoden empirischer Sozialforschung. Reinbek 1973

Giesecke, M. und Rappe-Giesecke, K. (Hrsg.): Kommunikation in Balintgruppen. Ergebnisse interdisziplinärer Forschung. Stuttgart 1983

Göppner, H.J.: Hilfe durch Kommunikation in Erziehung, Therapie, Beratung. Bad Heilbrunn 1984

Goffmann, E.: Interaktionsrituale. Über Verhalten in direkter Kommunikation. Frankfurt 1971

Gordon, Th.: Familienkonferenz. Die Lösungen von Konflikten zwischen Eltern und Kind. Reinbek 1971

Gordon, Th.: Familienkonferenz in der Praxis. Wie Konflikte mit Kindern gelöst werden. Reinbek 1981

Graumann, C.F.: Interaktion und Kommunikation. In: Graumann, C.F. (Hrsg.): Sozialpsychologie. Handbuch der Psychologie, Band 7, 2. Halbband. Göttingen 1972

Habermas, J.: Vorbereitende Bemerkungen zu einer Theorie der kommunikativen Kompetenz. In: Habermas, J. und Luhmann, N.: Theorie der Gesellschaft oder Sozialtechnologie. Frankfurt 1971

Habermas, J.: Moralbewußtsein und kommunikatives Handeln. Frankfurt 1983

Haley, J.: Gemeinsamer Nenner Interaktion. Strategien der Psychotherapie. München 1978

Haug, U. und Rammer, G.: Sprachpsychologie und Theorie der Verständigung. Düsseldorf 1974

Hayakawa, S.I.: Durchbruch zur Kommunikation. Vom Sprechen zum Verstehen. Darmstadt 2. Aufl. 1986

Hoefert, H.-W. (Hrsg.): Person und Situation. Interaktionspsychologische Untersuchungen. Göttingen 1982

Holzer, H.: Kommunikationssoziologie. Wiesbaden 1973

Homans, G.C.: Elementarformen sozialen Verhaltens. Köln 1968

Homans, G.C.: Soziales Verhalten als Austausch. In: Hartmann, H. (Hrsg.): Moderne amerikanische Soziologie. Neuere Beiträge zur soziologischen Theorie. Stuttgart 1967

Irle, M.: Lehrbuch der Sozialpsychologie. Göttingen 1975

Joppien, H.-J.: Pädagogische Interaktion. Modernistische Leerformel oder Programmwort einer neuen Erziehung? Bad Heilbrunn 1981

Jourdan, M.: Pädagogische Kommunikation. Bad Heilbrunn 1989

Koszyk, K. und Pruys, K.H.: Handbuch der Massenkommunikation. München 1981

Krappmann, L.: Soziologische Dimensionen der Identität. Strukturelle Bedingungen für die Teilnahme an Interaktionsprozessen. Stuttgart 1971

Krysmanski, H.J.: Soziologie des Konflikts. Reinbek 1971

Langenmayr, M.: Sprachliche Kommunikation. Ein Arbeitsbuch. München 2. Aufl. 1984

Langer, I., Schulz von Thun, F. und Rausch, R.: Sich verständlich ausdrücken. München 2. überarb. Aufl. 1981

Lantermann, E.-D.: Interaktion. Person, Situation und Handlung. München 1979

Lermer, S.: Geheimnisse der Kommunikation. Einblicke in die Wissenschaft der Seele: Wahrnehmungspsychologie, Tiefenpsychologie, Sozialpsychologie. München 1982

McCall, G.J. und Simmons, J.L.: Identität und Interaktion. Untersuchungen über zwischenmenschliche Beziehungen im Alltagsleben. Düsseldorf 1974

Malewski, A.: Verhalten und Interaktion. Tübingen 1967

Martens, K. (Hrsg.): Kindliche Kommunikation. Theoretische Perspektiven, empirische Analysen, methodologische Grundlagen. Frankfurt 1979

Maser, S.: Grundlagen der allgemeinen Kommunikationstheorie. Eine Einführung in ihre Grundbegriffe und Methoden (mit Übungen). Stuttgart 2. Aufl. 1973

Meggle, G.: Grundbegriffe der Kommunikation. Berlin 1981

Merkens, H. und Seiler, H.: Interaktionsanalyse. Stuttgart 1978

Montagner, H.: Kind und Kommunikation. Fehlentwicklungen verhindern – den gesunden Weg entdecken. Freiburg 1981

Neumann, K.: Der Beginn der Kommunikation zwischen Mutter und Kind. Strukturanalyse der Mutter-Kind-Interaktion. Bad Heilbrunn 1983

Oevermann, U.: Familiale Kommunikationsstrukturen. Frankfurt 1975

Offmann, E.: Interaktionsrituale. Über Verhalten in direkter Kommunikation. Frankfurt 1986

Peukert, U.: Interaktive Kompetenz und Identität. Zum Vorrang sozialen Lernens im Vorschulalter. Düsseldorf 1979

Piontkowski, U.: Interaktion und Wahrnehmung in Unterrichtsgruppen. Münster 1973

Piontkowski, U.: Psychologie der Interaktion. München 1976

Prokop, D. (Hrsg.): Massenkommunikationsforschung. Frankfurt 1972

Ramsenthaler, H.: Pragmatische Kommunikationstheorie und Pädagogik. Eine Untersuchung zur Konzeption Watzlawicks u.a. und in ihrer Bedeutung für die Pädagogik. Weinheim 1982

Rattner, J.: Psychologie der zwischenmenschlichen Beziehungen. Freiburg 1969

Reinmann, H. und Schenk, M.: Kommunikationswissenschaft. Grundlagen, Grundbegriffe und Konzepte. Stuttgart 1980

Reinert, G.-B.: Pädagogische Interaktion. Zur Theorie und Praxis der Lehrerbildung. Köln 1982

Rust, H.: Inhaltsanalyse. Die Praxis der indirekten Interaktionsforschung in Psychologie und Psychotherapie. München 1983

Satir, V.: Mein Weg zu dir. Kontakt finden und Vertrauen gewinnen. München 1989

Schaller, K.: Einführung in die kommunikative Pädagogik. Ein Studienbuch. Freiburg 1978

Schenk, M.: Soziale Netzwerke und Kommunikation. Heidelberg 1984

Scherer, K.R.: Nonverbale Kommunikation – Ansätze zur Beobachtung und Analyse der außersprachlichen Aspekte von Interaktionsverhalten. Hamburg 1970

Scherer, K.R.: Nonverbale Kommunikation. Empirische Untersuchungen zum Interaktionsverhalten. Weinheim 1979

Scherer, K.R. (Hrsg.): Vokale Kommunikation. Nonverbale Aspekte des Sprachverhaltens. Weinheim 1982

Scholz, O.: Dialog und Interaktion. Empirische Untersuchungen zu Beziehungen in Ehe, Familie und Psychotherapie. Stuttgart 1980

Schreiber, W.: Interaktionismus und Handlungstheorie. Studien zu einem wissenschaftstheoretischen Paradigma und seiner erziehungswissenschaftlichen Relevanz. Weinheim 1977

Schulz von Thun, F.: Miteinander reden – Störungen und Klärungen. Psychologie der zwischenmenschlichen Kommunikation, Reinbek 1981

Schulz von Thun, F.: Miteinander reden 2. Stile, Werte und Persönlichkeitsentwicklung. Differentielle Psychologie der Kommunikation. Reinbek 1989

Schulz von Thun, F.: Klärungshilfe. Handbuch für Therapeuten, Gesprächshelfer und Moderatoren in schwierigen Gesprächen. Theorien, Methoden, Beispiele. Reinbek 1988

Seiderer-Hartig, M.: Beziehung und Interaktion in der Verhaltenstherapie. Theorie, Praxis, Fallbeispiele. München 1980

Semmer, N. und Pfäfflin, M.: Interaktionstraining. Ein handlungstheoretischer Ansatz zum Training sozialer Fertigkeiten. Weinheim 1979

Spitz, R.A.: Nein und Ja. Die Ursprünge der menschlichen Kommunikation. Stuttgart 3. Aufl. 1978

Spitz, R.A.: Vom Dialog. Studien über den Ursprung der menschlichen Kommunikation und ihrer Rolle in der Persönlichkeitsbildung. Stuttgart 1976

Steinmüller, U.: Kriterien effektiver Kommunikation. Eine Untersuchung gesellschaftlich bedingter Varianten im kommunikativen Verhalten von Schülern. Köln 1977

Steinert, H. (Hrsg.): Symbolische Interaktion. Arbeiten zu einer reflexiven Soziologie. Stuttgart 1973

Strohner, H.: Textverstehen. Kognitive und kommunikative Grundlagen der Sprachverarbeitung. Köln 1990

Tacke, G.: Alltagsdiagnostik, Theorien und empirische Befunde zur Personenwahrnehmung. Weinheim 1985

Ulrich, D.: Pädagogische Interaktion. Theorien erzieherischen Handelns und sozialen Lernens. Weinheim 1976

Watzlawick, P., Weakland, J.H. und Fisch, R.: Lösungen. Bern – Stuttgart – Wien 1974

Watzlawick, P. und Weakland, J.H. (Hrsg.): Interaktion. Bern 1980

Watzlawick, P., Beavin, J.H. und Jackson, D.D.: Menschliche Kommunikation. Formen, Störungen, Paradoxien. 8. unveränd. Aufl., Bern 1990

Watzlawick, P.: Die Möglichkeit des Andersseins. Zur Technik der therapeutischen Kommunikation. Bern 2. Aufl. 1982

Welte, W. und Rosemann, Ph.: Alltagssprachliche Metakommunikation im Englischen und Deutschen. Frankfurt 1990

Weingarten, R.: Information ohne Kommunikation? Die Gefährdung unseres Alltags durch neue Technologien. Frankfurt 1990

Wragge-Lange, I.: Interaktion im Unterricht. Ein Verfahren zur Analyse schulischer Sozialisationsprozesse. Weinheim 1980

Wyss, D.: Mitteilung und Antwort. Untersuchungen zur Biologie, Psychologie und Psychopathologie von Kommunikation. Göttingen 1976

Ziegler, J.: Kommunikation als paradoxer Mythos. Analyse und Kritik der Kommunikationstheorie Watzlawicks und ihrer didaktischen Verwertung. Weinheim 1977

Zuschlag, B. und Thielke, W.: Konfliktsituationen im Alltag. Ein Leitfaden für den Umgang mit Konflikten in Beruf und Familie. Stuttgart 1989

1.5 Literaturhinweise zum Themenbereich „Kreativität/Sensitivität"

Ahrens, D.F.: Visionäres Denken. Wie Sie Ihr Unterbewußtsein gezielt zur Problemlösung einsetzen. München 2. Aufl. 1990

Beer, U. und Erl, W.: Entfaltung der Kreativität. Tübingen 3. Aufl. 1974

Becker-Textor, I.: Kreativität im Kindergarten. Anleitung zur kindgemäßen Intelligenzförderung im Kindergarten. Freiburg 1988

Binnig, G.: Aus dem Nichts. Über die Kreativität von Natur und Mensch. München 2. Aufl. 1989

Bono, E. de: Edward-de-Bono's Denkschule. Zu mehr Innovation und Kreativität. München 1990

Brand, I.: Kreatives Spielen. Entwicklungsförderung mit dem Pertra-Spielsatz. Dortmund 1988

38

Bröcher, A.: Kreative Intelligenz und Lernen. Eine Untersuchung zur Förderung schöpferischen Denkens und Handelns unter anderem in einem universitären Sommercamp. München 1989

Cropley, A.J.: Kreativität und Erziehung. München 1982

Delakova, K.: Beweglichkeit. Wie wir durch Arbeit mit Körper und Stimme zu kreativer Gestaltung finden. München 1984

Dries, G.M.: Kreativität – vom reagierenden zum agierenden Menschen. Heidelberg 1982

Edwards, B.: Der Künstler in dir. Intuition und Phantasie methodisch entwickeln. Ein Intensivkurs in kreativem Sehen, Denken und Gestalten. Reinbek 1987

Franke, H.: Problemlösen und Kreativität – lernpsychologisch aufbereitet. Goch 1980

Franzke, E.: Der Mensch und sein Gestaltungserleben. Psychotherapeutische Nutzung kreativer Arbeitsweisen. Bern 2. Aufl. 1983

Gawain, S.: Stell dir vor. Kreativ visualisieren. Reinbek 1986

Hoffmann, H.: Kreativitätstechniken für Manager. Landsberg 2. Aufl. 1987

Krenz, A.: Die Entwicklung von Phantasie und Kreativität. In: Krenz, A. und Rönnau, H.: Entwicklung und Lernen im Kindergarten. Psychologische Aspekte und pädagogische Hinweise für die Praxis. Freiburg 2. Aufl. 1990

Krenz, A.: Kreativität – ein Begriff im Ausverkauf der Kindergartenpädagogik. In: kindergarten heute – zeitschrift für erziehung im vorschulalter. Freiburg, Heft 2/ 1988

Landau, E.: Kreatives Erleben. 2. völlig neubearbeitete Aufl. des Buches „Psychologie der Kreativität". München 1983

LeBoef, M.: Kreative Kraft – Imagination und Inspiration. Spaß an neuen Lösungen durch Fantasie und Technik. Landsberg/München 1988

Matussek, P.: Kreativität als Chance. Der schöpferische Mensch in psychodynamischer Sicht. München 3. erw. Aufl. 1979

Mayer, F.: Kreativität. Begrenzungen und Möglichkeiten. Wien 1989

Meyhay, E.: Kreativ-innovatives Denken und pädagogische Einsichten. Frankfurt 1989

Mörschner, M.: Kreativität (oder: Es ist schön, kreativ zu sein.) In: Wehrfritz Wissenschaftlicher Dienst – Wissenschaft und Praxis im Dialog. Rodach, März (Heft 20/21) 1982

Morgenstern, B.: Kreativität beim Kind. In: kindergarten heute – zeitschrift für erziehung im vorschulalter. Freiburg, Heft 2/1987

Morgenstern, B.: Rezepte darf es nicht geben. Bedingungen zur Entfaltung der Kreativität beim Kind. In: kindergarten heute – zeitschrift für erziehung im vorschulalter. Freiburg, Heft 4/1987

May, R.: Der Mut zur Kreativität. Paderborn 1988

Oberlin, U.P.: Erfolgsgarantie Kreativität. So entwickeln Sie schöpferische Ideen. Genf 1986

Savary, L.M. und Ehlen-Miller, M.: Ich entdecke mich. Wege zur Bewußtseinserweiterung und Kreativität. München 1980

Schuster, P.: Kreativität – Sozialpädagogische Überlegungen zu einem vermarkteten Begriff. In: Theorie und Praxis der Sozialpädagogik (TPS), Bielefeld Heft 6/1981

Sikora, J.: Handbuch der Kreativ-Methoden (Gruppenpädagogik/Gruppendynamik, 20). Heidelberg 1976

Stocker, Th.: Die Kreativität und das Schöpferische. Leitbegriffe zweier Reformperioden. Frankfurt 1988

Wilkes, M.W.: Kreativität ist Kribbeln im Kopf. Eine Anleitung zum schöpferischen Denken. München 1984

Whitmore, D.: Kreativitätsspiele mit Kindern. Transpersonale Psychologie in der Erziehung. München 1986

2. Die Bedeutung der Beobachtung und Beurteilung von Kindern und Jugendlichen als Notwendigkeit einer bildungspolitischen Aufgabe

Da die Leistungsfähigkeit und Persönlichkeitsentwicklung eines Kindes in der Vorschule, im Kindergarten, im Heim und in der Schule selbst gefördert und die Entwicklungsmöglichkeiten aller Kinder erkannt und weiterentwickelt werden sollten, spielt gerade die Beobachtung in diesen Institutionen eine wesentliche Rolle im Erkennen von Verhaltensauffälligkeiten/-schwierigkeiten, so daß es möglich ist, eine umfassende und gezielte Früherkennung und Frühbehandlung einzusetzen.

Gerade die Beobachtung von Kindern und Jugendlichen, durch die Verhaltensauffälligkeiten erkannt/erkennbar werden, exakt meßbar und nicht subjektivem Ermessen unterworfen sind, sondern objektiver Erfassung unterliegen, auch von anderen Beobachtern jederzeit nachprüfbar und kontrollierbar sind, gibt dem Beobachter die Möglichkeit, eine dem Kind/Jugendlichen für seine Entwicklungsmöglichkeit nützliche und aussagekräftige Beurteilung zu schreiben.

Jeder Erzieher*, gleich in welcher Institution er arbeitet, sollte sich seiner Aufgabe bewußt sein, daß er eine dem Kind gegenüber verantwortungsvolle pädagogische Arbeit zu leisten hat. Es ist dringend nötig, daß der Erzieher nicht nur die Gruppe als ein Ganzes sieht, das aus einer Menge von Einzelpersonen besteht, sondern er sich für jedes Einzelkind, für jeden einzelnen Jugendlichen verantwortlich fühlt. Und gerade diesen Auftrag kann er nur erfüllen, wenn er die Entwicklung des Kindes/des Jugendlichen beobachtet, die Lebensbedingungen in der betreffenden Institution und die Lern-/Arbeitsbedingungen kennt.

Es sei hier kurz auf die Arbeit mit behinderten Kindern und Jugendlichen hingewiesen, in der die Beobachtung eine ganz besondere Rolle spielt. Da es gerade bei den Behinderten sehr große individuelle Persönlichkeits-, Leistungsfähigkeits-, Entwicklungs; und Bildungsunterschiede gibt, muß der Erzieher intensiv auf die Besonderheiten eines jeden Einzelnen eingehen, um eine optimale Förderung zu erreichen. Und gerade das setzt spezifische und gründliche Kenntnis des behinderten Kindes/Jugendlichen voraus.

*mit dem Begriff „Erzieher" sind alle Mitarbeiter in (sozial)pädagogischen Einrichtungen gemeint, unabhängig vom Beruf!

Wenn wir uns einmal klarmachen, zu welchen Anlässen vor allem Kinder beurteilt werden, dann wird uns das Spektrum der Bedeutung der Beobachtung und Beurteilung als Notwendigkeit einer bildungspolitischen Aufgabe deutlich:

— Entscheidung, ob ein Sonderkindergarten besucht werden sollte,

— Entscheidung, ob ein Kind vom Kindergarten für normal-entwickelte Kinder in einen Sonderkindergarten überwechseln sollte,

— Entscheidung zum Besuch einer Vorschule

— Entscheidung zum Besuch einer Normalschule

— Entscheidung zum Besuch einer Sonderschule

— Entscheidung zur Zurückstellung vom Schulbesuch

— Entscheidung zur Umschulung von der Normal- zur Sonderschule

— Entscheidung zur Umschulung von der Sonder- zur Normalschule

— Entscheidung, ob ein Schulkind versetzt wird oder nicht,

— Entscheidung für eine Heimeinweisung.

In allen Fällen wäre es ungenügend, nur das Gesamtverhalten des Kindes und seine Leistungen zu bewerten; es wäre wichtig, gerade zusätzlich die Leistungsfortschritte und Persönlichkeitsentwicklung in einzelnen Teilbereichen zu beschreiben, spezifische Verhaltensweisen aufzudecken und zu erläutern sowie einen möglichen Leistungsabfall zu ergründen und spezifisch festzuhalten. Denn das würde nicht nur dem Kind gerechter sein, sondern dem Erzieher Handlungsweisungen aufzeigen, Fortschritte, Stagnation oder Rückschritte zu erkennen und zu bearbeiten.

2.1 Aufgaben der Beobachtungen und Beurteilungen in der pädagogischen Arbeit

Auf die Frage hin, welche Aufgaben Beobachtungen und Beurteilungen in der pädagogischen Arbeit haben und erfüllen, soll hier versucht werden, Beispiele aufzuführen, die uns darauf eine Antwort geben:

— Erkennen vorhandener Fähigkeiten und Planung zu ihrem Aufbau;

— systematische Förderung der Entwicklung von aufzubauenden Verhaltensweisen und förderungswichtigen Verhaltensweisen des Kindes;

— Förderung der Selbständigkeit durch eigenes Können;

— Vermeidung von Fehlentwicklungen in der Lerngeschichte des Kindes;

— Vermeidung von größeren Schwierigkeiten bei einem Gruppen- oder Personenwechsel;

- Erfassung von entwicklungsbedingten Fehlentwicklungen bzw. individuellen Verhaltensschwierigkeiten;

- Kontrolle der individuellen Entwicklungsfortschritte beim Kind;

- Möglichkeit einer gezielten Planung zur weiteren Förderung;

- Erkennen psychologischer und pädagogischer Auswirkungen von Organschäden auf spezifische Verhaltensweisen des Kindes;

- Erfassen von Mehrfachbehinderungen unter Bezugnahme auf die einzelnen Störungsbilder und ihre Auswirkungen auf die Gesamtpersönlichkeit;

- Möglichkeiten des Erkennens des Zusammenhanges zwischen körperlichem und seelischem Bereich;

- Erfassen von wechselseitigen Beziehungen unterschiedlicher Behinderungen;

- Erfassen von Kompensationsmöglichkeiten, die dem Kind angeboten werden können;

- Möglichkeit der Differentialdiagnose bei schwierigen Problemstellungen (Beispiel: Trennung/Unterscheidung: Debilität — neurotische Lernhemmung);

- Möglichkeit der Unterstützung des Jugendlichen bei seiner Berufsfindung und -ausbildung;

- Aufhellung ätiogenetischer Faktoren, deren Genese hauptsächlich psychogener Art sind;

- Erkennen von Zusammenhängen zwischen „Rahmenbedingungen" und „Verhaltensweisen".

3. Methoden der Datenbeschaffung zur Beobachtung und Beurteilung von Kindern und Jugendlichen

Wie schon anfangs erwähnt, kann ein Kind/Jugendlicher nur durch die Sammlung und Auswertung reichhaltigen Materials umfassend und explizit beurteilt werden. Es muß dem Erzieher darüber Aufschluß geben, welche Verhaltensweisen und Leistungen in allen Persönlichkeitsbereichen anzutreffen und vorzufinden sind.

Da es sehr viele Methoden zur Materialerhebung gibt, um zu einer umfassenden und treffenden Beurteilung eines Kindes/Jugendlichen zu kommen, sollen im folgenden nur die Methoden ausgewählt und vorgestellt werden, die der Erzieher in der Erziehungspraxis anwenden kann.

Wichtig sind dabei allgemeine Grundsätze, die für alle Methoden der Materialerhebung gelten:

— es sollte ein „objektives" Erfassen der beobachteten Daten möglich sein;

— Verhaltensweisen und Verhaltensmerkmale sollen näher bestimmt werden können,

— Arten und Ausmaß von Verhaltensauffälligkeiten und Verhaltensstörungen sollen exakt in Abhängigkeit von bestimmten Situationen bzw. Rahmenbedingungen erfaßt werden können;

— es sollen Rückschlüsse auf die Verhaltensweisen und die Persönlichkeit des Kindes/Jugendlichen möglich sein.

Im folgenden sollen die Methoden der Materialerhebung aufgeführt werden, die in der Erziehungsarbeit praktikabel sowie wichtig und effektiv sind:

— die Verhaltensbeobachtung

— das Gespräch

— die Exploration mit den Eltern der Kinder/Jugendlichen

3.1 Verhaltensbeobachtung

Zunächst erscheint es sinnvoll, den Begriff „Verhaltensbeobachtung" zu definieren. Obgleich es an dieser Stelle möglich wäre, Definitionen und Beschreibungen anderer Autoren zu zitieren, scheint es aufgrund unterschiedlicher Aussagen sinnvoll, zu einer umfassenden und qualitativ präzisen Definition zu suchen. So ergibt sich aus dem Vergleich der verschiedenen Merkmalsnennungen anderer Autoren folgende Aussage:

Im Gegensatz zu einem passiven Aufsicheinwirken-Lassen von Reizen ist Beobachtung eine aktive, planmäßige, auf ein Ziel gerichtete und methodisch ausgerichtete, zweckorientierte und vor allem durch Aufmerksamkeit gekennzeichnete Wahrnehmung und Registrierung von Ereignissen oder Verhaltensweisen in Abhängigkeit von bestimmten Situationen bzw. Rahmenbedingungen.

Die Verhaltensbeobachtung hat folgende Aufgaben:

— Möglichkeiten der *Beschreibung* von Verhaltensweisen der Kinder und Jugendlichen.

— Möglichkeiten des *Erkennens* von Verhaltensweisen und Entwicklungsprozessen, die zu fördern oder zu überwinden sind.

— Möglichkeiten der *Erfassung* von Verhaltensweisen in verschiedenen Situationen seines täglichen Lebens in der Gruppe.

Aufgrund der verschiedenen methodischen Varianten einer Verhaltensbeobachtung sollten sie an dieser Stelle im Überblick dargestellt werden:

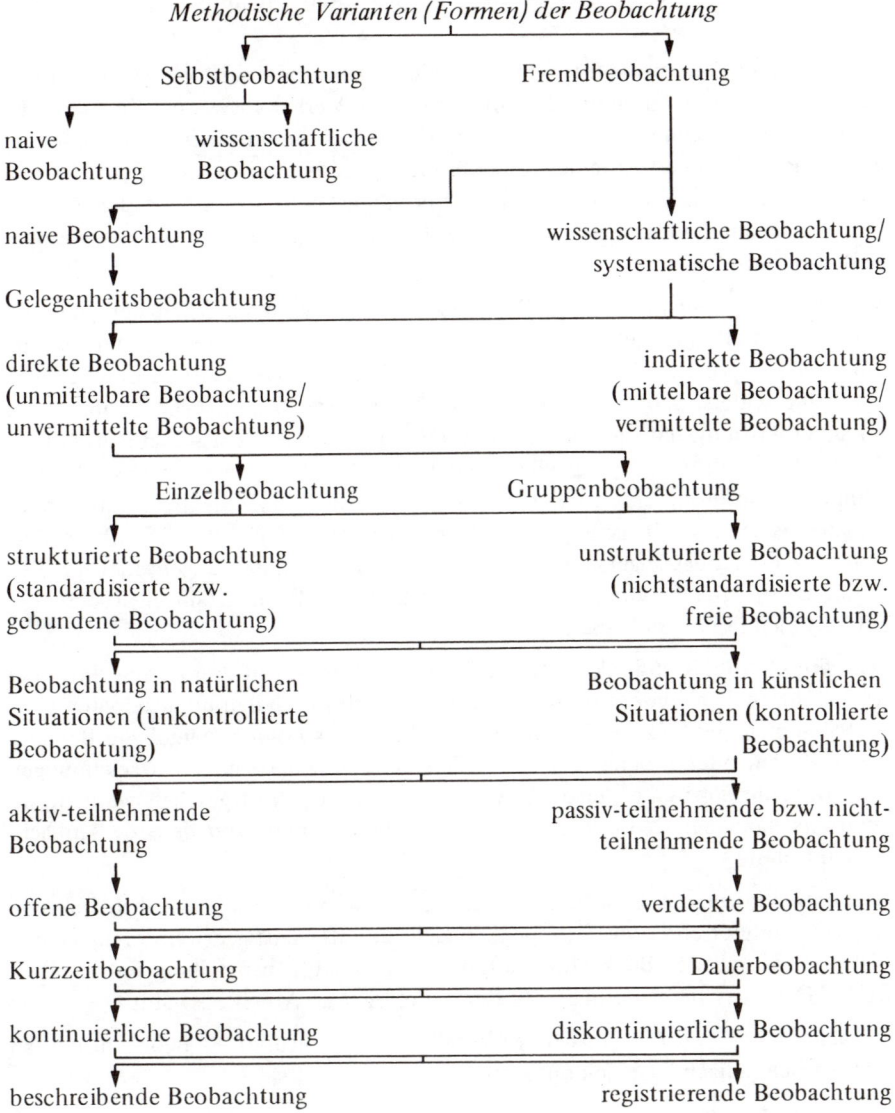

Methodische Varianten (Formen) der Beobachtung

Selbstbeobachtung — Fremdbeobachtung

naive Beobachtung — wissenschaftliche Beobachtung

naive Beobachtung — wissenschaftliche Beobachtung/ systematische Beobachtung

Gelegenheitsbeobachtung

direkte Beobachtung (unmittelbare Beobachtung/ unvermittelte Beobachtung) — indirekte Beobachtung (mittelbare Beobachtung/ vermittelte Beobachtung)

Einzelbeobachtung — Gruppenbeobachtung

strukturierte Beobachtung (standardisierte bzw. gebundene Beobachtung) — unstrukturierte Beobachtung (nichtstandardisierte bzw. freie Beobachtung)

Beobachtung in natürlichen Situationen (unkontrollierte Beobachtung) — Beobachtung in künstlichen Situationen (kontrollierte Beobachtung)

aktiv-teilnehmende Beobachtung — passiv-teilnehmende bzw. nicht-teilnehmende Beobachtung

offene Beobachtung — verdeckte Beobachtung

Kurzzeitbeobachtung — Dauerbeobachtung

kontinuierliche Beobachtung — diskontinuierliche Beobachtung

beschreibende Beobachtung — registrierende Beobachtung

Erläuterungen zum Schaubild

Zunächst einmal wird bei der Betrachtung der verschiedenen methodischen Varianten einer Beobachtung zwischen der Selbst- und Fremdbeobachtung unterschieden.

Selbstbeobachtung (auch Introspektion oder Erlebnisbeobachtung genannt) dient der eigenen Wahrnehmung und Registrierung von Verhaltensweisen, Einstellungen oder Gefühlszuständen. Sie ist einerseits *notwendig* zur Erfassung und Reflexion eigener Persönlichkeitsvariablen, andererseits ist sie *unumgänglich* für eine Fremdbeobachtung. Letztere, die auch als „Verhaltensbeobachtung" im eigentlichen Sinne bezeichnet wird, dient dagegen der Beobachtung anderer bzw. von anderem (z.B. Situationen).

Verfolgen wir nun die weitere Differenzierung, so wird zwischen der „naiven" und „wissenschaftlichen" Beobachtung unterschieden. Letztere zeichnet sich dadurch aus, daß sie einerseits systematisch geplant und systematisch durchgeführt wird! Ihr widerspricht die „naive Beobachtung" (auch alltägliche Beobachtung genannt) insofern, daß sie eher zufällig und damit unsystematisch abläuft. Zufällige Beobachtungen, die zwar über eine längere Zeit bzw. unsystematisch bei bestimmten Auslösern einsetzen, sind aus dem Grunde für eine Beurteilung bzw. Erziehungsplanung ebensowenig brauchbar wie eine Gelegenheitsbeobachtung, weil sie z.B. weder zielgeleitet sind noch einem Plan explizit zugeordnet werden. Damit ist die Gefahr einer zufälligen Aussage bzw. einem zufälligen Rückschluß auf Personen in hohem Maße gegeben.

Die „direkte" und „indirekte" Beobachtung als weitere Differenzierungsform der wissenschaftlichen Beobachtung unterscheidet sich durch den unmittelbaren bzw. mittelbaren Kontakt zum Beobachtenden. Einerseits können mündliche Berichte von Kollegen oder anderen Personen, Videoaufnahmen, Tonbandaufzeichnungen oder Berichte *über* eine Person bzw. eine Situation gehört/gesehen werden, andererseits kann der Beobachter in unmittelbarem Kontakt *mit* dem zu Beobachtenden treten.

Aus dieser Form der Beobachtung kann sich einerseits eine Einzelbeobachtung ergeben, andererseits eine Gruppenbeobachtung als günstig erweisen. In beiden Fällen muß sich der Beobachter aufgrund seiner Aufgabenstellung entscheiden, welche Form der Beobachtung er für seine zielgeleitete Arbeit auswählt.

Betrachten wir nun die „unstrukturierte" und „strukturierte" Beobachtung, so ergeben sich zunächst Gemeinsamkeiten:

— beide haben ein exakt definiertes Ziel,

— beide erfolgen innerhalb eines bestimmten theoretischen Bezugrahmens, und

— beide dienen der Überprüfung von vorher bestimmten und genannten Hypothesen.

Dennoch unterscheiden sie sich in folgenden wesentlichen Punkten:

— bei der unstrukturierten Beobachtung hat der Beobachter einen groben Beobachtungsrahmen (eine Hauptkategorie), der ihm innerhalb dieser Kategorie (z.B. Sprache, Grobmotorik . . .) allerdings einen großen Beobachtungsfreiraum läßt!

— die strukturierte Beobachtung dagegen richtet sich auf ganz bestimmte Beobachtungskategorien aus (Beispiel: Sprachbereitschaft, Aussprache, Sprachtempo, Melodik, Sprachinhalte; grobmotorische Koordination, Seitendominanz, Raumorientierung).

— da sich — wie eben erwähnt — die strukturierte Beobachtung genau benannter Beobachtungskategorien bedient, ist ihre Aussagefähigkeit bezüglich der erhaltenen Daten natürlich größer (und damit eher überprüfbar) als bei einer unstrukturierten Beobachtung.

Sowohl in der Praxis als auch aus theoretischer Sicht ergibt sich sehr häufig die Notwendigkeit, *zunächst* erst einen Überblick über die zu beobachtende Situation bzw. ein zu beobachtendes Verhalten zu gewinnen; damit wird deutlich, daß *vor* einer strukturierten Beobachtung eine unstrukturierte Beobachtung durchgeführt wird/werden sollte, um z.B. aus ihr bestimmten Beobachtungskategorien zu ermitteln, zu benennen und innerhalb einer Prioritätenliste zu ordnen. Beobachtungen in natürlichen Situationen meint nichts anderen, als daß z.B. der Jugendliche oder das Kind in seiner realen Umwelt beobachtet wird — innerhalb seiner Familie, im Kindergartenalltag, in der Schule, während seiner Freizeit oder innerhalb seiner Gruppe. Künstliche Situationen sind z.B. dann gegeben, wenn der zu Beobachtende in einen Beobachtungsraum gebeten wird und damit für ihn ersichtlich ist, daß etwas bestimmtes *anders* verläuft als gewöhnlich.

Ist der Beobachter *selbst in* der Gruppe bzw. befindet er sich *in* dem Raum, in dem auch der zu Beobachtende sich aufhält, so sprechen wir von einer aktivteilnehmenden Beobachtung. Diese Form der Beobachtung wird in der Regel dann bevorzugt, wenn es um die Erfassung *qualitativer* Aspekte und Daten geht, z.B. Gefühlsäußerungen, Empfindungen, Interessen oder Erwartungen. Um der Gefahr einer zu starken Beeinflussung des zu beobachtenden Kindes/Jugendlichen vorzubeugen, muß darauf hingewiesen werden, daß es günstig ist, wenn der Beobachter der Gruppe bekannt und in ihr möglicherweise integriert ist.

48

Bei der passiv-teilnehmenden Beobachtung ist der Beobachter selbst durch seine räumliche Distanz so weit vom Geschehen entfernt, daß die Möglichkeit der Situations- und Personenbeeinflussung so gut wie ausgeschlossen ist. Als Beispiele könnten „Beobachtung eines Kindes auf dem Schulhof" oder „auf dem Spielplatz" sein. Es wird deutlich, daß diese Form der Beobachtung in erster Linie der Erfassung von *quantitativen* Aspekten (z.B. Häufigkeit der Kontaktaufnahme zu anderen Kindern, Häufigkeit des Angesprochenwerdens, . . .) dient.

Kurzzeit- und Dauerbeobachtung unterscheiden sich in der zeitlichen Länge einer Beobachtungsspanne. Da bezüglich zeitlicher Angaben in entsprechender Fachliteratur *sehr* große Unterschiede gemacht werden, soll an dieser Stelle nicht weiter darauf eingegangen werden.

Beide Beobachtungsformen können wiederum unterschiedlich durchgeführt werden:

a) kontinuierliche Verhaltensbeobachtung

Die kontinuierliche Verhaltensbeobachtung wird häufig eingesetzt, um Kinder und Jugendliche beurteilen zu können. Oftmals dient sie auch als Hilfsmittel bei der Datensammlung während eines Gesprächs oder der Exploration. Eine kontinuierliche Verhaltensbeobachtung zeichnet sich durch langfristiges, systematisch und zielgerichtetes Wahrnehmen von individuellen Verhaltensweisen aus, mit dem Ziel, Persönlichkeitsmerkmale und Verhaltensweisen des zu Beobachtenden zu erfassen.

b) diskontinuierliche Verhaltensbeobachtung/fraktionierte Beobachtung

Da aber eine kontinuierliche Beobachtung eines Kindes/eines Jugendlichen über eine längere Zeit oftmals kaum möglich ist, ist der Beobachter gezwungen, eine Auswahl aus dem Geschehen zu treffen, die möglichst repräsentativ ist. In diesem Fall können vorher feste Zeitabstände festgelegt werden, in denen das Verhalten erfaßt wird. Das heißt, daß hier Stichproben des Verhaltensstroms einer Beobachtung unterzogen werden, indem die Beobachtungszeiten unabhängig von jeweiligen Ereignissen systematisch festgelegt werden. Da es für die Dauer einer Beobachtungsphase keine festen Richtlinien gibt, machen diese Stichproben z.B. keine exakte Aussage über die generelle Auftrittshäufigkeit eines ganz bestimmten Verhaltens. Am häufigsten wird wohl die unregelmäßig intermittierende Verhaltensbeobachtung eingesetzt, wenn es bei einer zu erarbeitenden Beurteilung auf die Beantwortung einer bestimmten Fragestellung ankommt. Hier wird der Beobachter immer nur dann tätig, wenn das bezeichnete Ereignis auftritt. Die Beobachtung einzelner, fest umschriebener Ereignisse über einen längeren Zeitraum hinweg dient primär der genaueren Analyse dieser Ereignisse.

Gerade die Dauerbeobachtung, wobei es gleich ist, ob es sich um eine kontinuierliche oder diskontinuierliche Verhaltensbeobachtung handelt, beinhaltet die große Chance, die zu beurteilenden Kinder und Jugendlichen wirklich kennenzulernen; ist der klinisch arbeitende Psychologe in der Regel auf kurze Testverfahren angewiesen, so kann der Erzieher weitreichender und umfassender beobachten.

Je nach der Art der schriftlichen Fixierung der Beobachtung sprechen wir

a) von der beschreibenden Beobachtung

b) von der registrierenden Beobachtung

zu a) Bei der beschreibenden Beobachtung hält der Beobachter seine Aufzeichnungen in der Form fest, daß er Vorgänge frei verbalisiert und so aufschreibt, daß schon sofort die aufgeführten Sachverhalte verständlich aufgeführt sind. Doch ist gerade hier nicht der Nachteil zu übersehen, daß der Erzieher schon durch die Wahl bestimmter Begriffe wertend vorgeht und seine Beurteilung zu einer subjektiven Angelegenheit werden läßt. Entscheidet sich der Erzieher für dieses Verfahren, so sollte er gleichzeitig als Ergänzung die registrierende Beobachtung in sein Beobachtungsrepertoire aufnehmen.

zu b) Durch die besondere Gestaltung der Registrierung des Verhaltens kann der Erzieher zu objektiven Daten bei der Verhaltensbeobachtung gelangen. So werden z.B. Strichlisten geführt, in denen die Häufigkeit von bestimmten Verhaltenswiederholungen festgehalten wird. Der Beobachter registriert also vorher festgelegte Ereignisse; Ereignisse wären z.B. „ . . . spricht andere Kinder an", . . . „antwortet auf Fragen nicht . . .". Ziele dieser Registrierung können sein:

— Erstellung einer base-line von Verhaltensweisen

— Erfassung verhaltenskontingenter Verstärker.

Demgegenüber ist das Kategoriensystem so konzipiert, daß jede mögliche Verhaltensweise in der Beobachtungsphase registriert und zugeordnet werden kann. Je mehr Kategorien dem Beobachter zur Verfügung stehen, desto detaillierter kann dann die Beschreibung des Verhaltens erfolgen und die Beurteilung ausfallen.

Die Qualität der gewonnenen Daten ist zum ganz großen Teil von der Genauigkeit abhängig, mit der der Beobachter arbeitet. Beobachtungsfehler können zum Beispiel in sogenannten Fehlkodierungen stecken, wenn z.B. der Erzieher durch Vorinformationen bestimmte Reaktionstendenzen des Kindes/des Jugendlichen erwartet und lediglich darauf ausgerichtet ist. Werden in einem anderen Fall Verhaltensweisen des zu Beobachtenden vom Erzieher positiv gewertet und als

Verhaltensweisen des zu Beobachtenden vom Erzieher positiv gewertet und als solche aufgenommen, so wird auch die emotionale Reaktion des Beobachters in der Regel positiv ausfallen. Auch wenn der Beobachter die ‚nicht-teilnehmende Beobachtung' auswählt, in der er sich völlig passiv verhält und annimmt, daß er dadurch den Geschehensablauf nicht aktiv/direkt beeinflußt, so sollte er sich dennoch bewußt sein, daß der Beobachtungseffekt eine nicht auszuschließende Größe in Bezug auf die Verhaltensbeeinflussung der Kinder/Jugendlichen ist. Bei der teilnehmenden Beobachtung kann dieser Beobachtungseffekt dadurch vermindert werden, wenn der Erzieher in seiner beobachtenden Funktion als normaler Interaktionspartner akzeptiert wird. Die Schwierigkeit liegt nun in dem Umstand, zu interagieren und gleichzeitig zu beobachten.

Fehlende Symptomwahrnehmung, fehlerhafte Situationswahrnehmung oder eine begrenzte Aufnahmekapazität des Erziehers wären zusätzliche Fehlerquellen bei der Beobachtung. Daher sollte der Erzieher, wenn immer er die Möglichkeit dazu hat, seine Beobachtungsdaten sichern, indem möglichst verschiedene Beobachter tätig sind und zum zweiten unterschiedliche Beobachtungssituationen ausgewählt werden. Zur Bestimmung der Beobachterzuverlässigkeit sollten folgende Fragen gestellt werden:

— Stimmen beide Beobachter hinsichtlich des gleichen Ergebnisses überein?

— Stimmen zwei gleiche Beobachtungsmessungen hinsichtlich des gleichen Ergebnisses überein?

Bei der Beobachtung sollte der Beobachter vor allem von folgenden Fragen ausgehen:

— *was* will ich beobachten? (Spontane Verhaltensweisen, bestimmtes Störverhalten, spezifische Reaktionen auf bestimmte Maßnahmen . . . ?)

— *wie* will ich beobachten? (nach welchen Gesichtspunkten, nach welcher Metodik . . . ?)

— *wann, wo* will ich beobachten? (in welchen Situationen, zu einer bestimmten Tageszeit, in der Freizeit des Kindes/des Jugendlichen, wenn es/er sich alleine/mit anderen Kindern/Jugendlichen/Erwachsenen beschäftigt?)

Regeln für die Beobachtung:

— Die Beobachtung muß gut vorbereitet sein

— Die Zielsetzung der Beobachtungsaspekte muß klar sein

— Genaues Beobachten ist unabdingbar

— Zusammenhänge sind zu berücksichtigen

— Einzelheiten und Nebensächlichkeiten dürfen den Beobachter nicht vom Hauptziel ablenken

— Beobachtetes Verhalten und mögliche Ursachen sind zunächst auseinanderzuhalten

— Die gewonnen Daten sind schriftlich festzuhalten; dabei sollen eindeutige Begriffe gewählt werden, um später bei der Beschreibung keine falschen Rückschlüsse zu ziehen.

52

3.1.1 Beispiele für Beobachtungsprotokolle und Beobachtungsbögen/-schemata

.... Beobachtungsprotokoll

Thema in der Beobachtungszeit: ....

Datum: ....

Zeitspanne: ....Uhr bis ....Uhr

Ziel der Beobachtung: ....

....

....

Name des Kindes/Jugendlichen: ....

Name des Beobachters: ....

Verlauf (allgemein)	Beobachtungen beim Kind	Bemerkungen

Anwendungsbereich dieses Beobachtungsprotokolls: Erfassung von Situationen und Abläufen in Verbindung mit kindzentrierten Beobachtungen.

.... Beobachtungsprotokoll

Datum: ....

Uhrzeit: von..................Uhr bis ....Uhr

Ziel der Beobachtung: ....

....

Name des Kindes/Jugendlichen: ....

Name des Beobachters: ....

Situation (spezifisch)	Verhalten des Kindes/ Jugendlichen	Deutungsversuch

Anwendungsbereich dieses Beobachtungsprotokolls: Erfassung von Verhaltensweisen, die immer in Verbindung zu spezifischen Situationen (Ursachen bzw. Auslöser) stehen.

(Beispiel für eine Gruppenbeobachtung zur Erfassung von Gruppenprozessen)

.... Beobachtungsprotokoll

Datum: ....

Die Gruppe besteht aus folgenden Kindern: ....

....

....

....

Name des Beobachters: ....

Wer spielt mit welchem Kind?

Wer spielt alleine?

Wie lange bleibt jede Untergruppe zusammen?

Welche Aktivitäten/Spiele werden gewählt?

Wer übernimmt die Initiative?

Wer stört in der Gruppe? Wie wird die Gruppe gestört?

Anwendungsbereich dieses Beobachtungsprotokolls: Beobachtung von Abläufen in Gruppen.

55

.... Beobachtungsprotokoll

Datum: .... Ort: ....

Uhrzeit: von .... Uhr bis .... Uhr

Kindergruppe/Klasse: ....

Name des Beobachters: ....

Ziel der Beobachtung: (z.B. Art/Häufigkeit von sprachlichen Äußerungen

z.B. a) Bitten/Anweisungen äußern
b) Befehle an andere richten
c) sprachl. Auseinandersetzung über eigene Gefühle)

Name des Kindes	a	b	c

Anwendungsbereich dieses Beobachtungsprotokolls: Quantitative Erfassung von spezifischen Verhaltensweisen.

56

.... Beobachtungsprotokoll

Datum: ....

Uhrzeit: von ....Uhr bis .... Uhr

Ziel der Beobachtung: ....

....

Name des Kindes/Jugendlichen: ....

Name des Beobachters: ....

Was geschah unmittelbar zuvor?	Was tat das Kind/ der Jugendliche?	Was passierte unmittelbar danach?

Anwendungsbereich dieses Beobachtungsprotokolls: Erfassung von spezifischen Verhaltensweisen in Abhängigkeit von Auslösern/Ursachen bzw. folgenden Konsequenzen.

.... Beobachtungsprotokoll

Datum: ....

Zeitspannen: von .... Uhr bis .... Uhr

von .... Uhr bis .... Uhr

von .... Uhr bis .... Uhr

von .... Uhr bis .... Uhr

zu beobachtende Verhaltensweise: ....

....

Name des Kindes/Jugendl.: ....

Name des Beobachters: ....

Uhrzeit: Welcher Reiz führte zur Verhaltensweise?	o.g. Vw. (s.u.)	Reihenfolge der Vwn in Einzelheiten

(o.g.Vw. = oben genannte Verhaltensweise)

Anwendungsbereich dieses Beobachtungsprotokolls: Erfassung von kurz hintereinanderfolgenden, sich auf- bzw. abbauenden Verhaltenselementen einer bestimmten Verhaltensweise bzw. eines Verhaltensbereichs.

.... Beobachtungsprotokoll

Datum: ....

Uhrzeit: von ....Uhr bis .... Uhr

zu beobachtende Verhaltensweisen: a) ....

b) ....

c) ....

d) ....

n-1) ....

n) ....

Name des Kindes/Jugendl.: ....

Name des Beobachters: ....

Verhaltensweisen:	Häufigkeit (Strichliste)
a)	
b)	
c)	
d)	
e)	
f)	

Anwendungsbereich dieses Beobachtungsbogens: Erfassung quantitativer Ausprägung ähnlicher oder voneinander unabhängiger Verhaltensweisen.

Da der Beobachter, der eine Beurteilung abzufassen hat, über einen längeren Zeitpunkt bestimmte Verhaltensweisen festhalten muß, um nicht nur Zufallsergebnisse für seine Beurteilung heranzuziehen, wäre es auch möglich, daß er sich eine Liste der wichtigsten Verhaltensweisen (siehe Inventarium von Verhalten) erstellt, um mit diesem Grobraster eine wichtige Vorarbeit leisten zu können.

Eine solche Liste könnte zum Beispiel so aussehen, daß einige Verhaltensweisen aufgeführt werden und graduelle Beurteilungsmöglichkeiten zuläßt. Hier könnte der Beobachter z.B. regelmäßig jeden zweiten (dritten...) Tag zu verschiedenen Zeiten seine Beobachtung festhalten. Eine Liste nach folgendem Muster hätte den Vorteil, daß der Zeitaufwand relativ gering ist.

Die graduelle Unterscheidung bezieht sich auf die Werte von +3 bis −3, wobei die einzelnen Zahlen folgende Bedeutung haben:

+3 = sehr hoch, sehr intensiv, sehr stark, ausgesprochen viel
+2 = hoch, intensiv, stark
+1 = etwas hoch, etwas intensiv, etwas stark, mäßig
 0 = weder stark noch schwach
- 1 = mehr schwach als stark, mehr niedrig als hoch, mäßig
- 2 = niedrig, schwach
- 3 = sehr niedrig, sehr schwach, ausgesprochen wenig

60

...... Beobachtungsprotokoll

Datum: ....

Uhrzeit: ....

Name des Kindes/des Jugendlichen: ....

Name des Beobachters: ....

	+ 3	+ 2	+ 1	0	− 1	− 2	− 3
Verhaltensweise A							
Verhaltensweise B							
Verhaltensweise C							
Verhaltensweise D							
Verhaltensweise E							
Verhaltensweise F							
Verhaltensweise G							
Verhaltensweise H							
Verhaltensweise n							

Anwendungsbereich dieses Beobachtungsbogens:
Erfassung spezifischer Verhaltensweisen unter Beachtung gradueller Ausprägungs-
unterschiede.

Beispiel: (Verhaltensbeobachtung in der Vorschule, Grundschule)

	+ 3	+ 2	+ 1	0	− 1	− 2	− 3	
Aufmerksamkeit konzentriert								unkonzentriert
Arbeitsverhalten planvoll								planlos
Arbeitsverhalten selbständig								unselbständig
Arbeitsverhalten gewissenhaft								oberflächlich
Arbeitsverhalten ausdauernd								unbeständig
Gedächtnis gut								schlecht
Arbeitswille lernfreudig								lernunlustig
Mitarbeit im Unterricht gut								schlecht
Beobachtungs- fähigkeit gründlich								oberflächlich
Sprachlicher Ausdruck sprachgewandt								sprachungeschickt
Stellung in der Gruppe anerkannt								abgelehnt
Verhalten zu Mitschülern kameradschaftl.								unkameradschaftl.
Kontaktfähigkeit aufgeschlossen								verschlossen
usw. usf.								

Beispiel eines Beobachtungsbogens für Kinder mit intellektuellen Beeinträchtigungen
(aus: Jung/Krenzer/Lotz: Handbuch der Unterrichtspraxis mit Behinderten. Frankfurt 3.Aufl. 1979)

BEOBACHTUNGSBOGEN

Raum für Bemerkungen

Ich-Bewußtsein	1	2	3	4	5	6	7	8	
Selbstversorgung	1	2	3	4	5	6	7	8	
Selbständigkeit	1	2	3	4	5	6	7	8	
Sozialerziehung	1	2	3	4	5	6	7	8	
Wahrnehmung	1	2	3	4	5	6	7	8	
Motorik	1	2	3	4	5	6	7	8	
Sprache	1	2	3	4	5	6	7	8	
Musische Erziehung	1	2	3	4	5	6	7	8	

Name: Alter: Datum:

ausgefüllt von: ....

Ich-Bewußtsein
- Kann lachen und weinen
- Reagiert sichtl. auf Zuwend.
- Lokalisiert Schmerzempfinden
- Benennt oder zeigt Körperteile
- Zeigt Zuwendung zu anderen
- Kann eigene Aktivität sprachl. reflektieren
- Spricht von sich selbst als "ich"
- Spielt oder arbeitet m.d. Gruppe

Selbstversorgung
- Lächelt bei Wohlbefinden
- Meldet Bedürfnisse an
- Ißt allein
- Geht allein zur Toilette
- Zieht sich allein an und aus
- Bewegt sich selbst i.d. Schule
- Geht allein auf die Straße
- Benutzt allein öffentl. Verkehrsm.

Wahrnehmung
- Verfolgt bewegte Objekte
- Versteht einfache Aufträge
- Ordnet gleiche Dinge zu
- Hört Geschichten zu
- Erkennt Gegenstände auf Bildern
- Zeigt mehrere Körperteile
- Erkennt Menge 2
- Erkennt Verkehrtheiten

Motorik
- Greift nach Gegenständen
- Läßt Gegenstände bewußt los
- Kann gehen
- Baut mit Klötzen oder Bausteinen zum Zusammenstecken
- Kritzelt mit dem Stift
- Geht treppauf ohne Geländer
- Fängt Ball
- Malt Buchstaben nach

Selbständigkeit
- Erkennt Personen
- Benutzt Gegenstände zweckentspr.
- Kennt mehrere Symbole od. Signale
  und handelt entsprechend
- Benutzt technische Geräte
- Kennt die zeitl. Abfolge d. Tagesl.
- Kann telefonieren
-- Kann alleine einkaufen
- Zieht sich witterungsentspr. an

Sozialerziehung
- Reagiert auf Körperkontakt
- Nimmt Kontakte auf
- Befolgt Anweisungen
- Spielt mit dem Partner
- Erkennt Spielregeln an
- Erkennt Bedürfnisse anderer an
- Hat feste Freundschaften
- Kann eigene Aktivitäten planen

Sprache
- Gibt Laute von sich
- Verwendet ein Wort
- Benennt Gegenstände
- Verwendet mehr als 20 Wörter
- Mehr-Wort-Sätze
- Spricht Wörter deutlich aus
- Benennt mehrere Farben u. Formen
- Berichtet über Erlebnisse

Musische Erziehung
- Hat Freude an Musik
- Erkennt Rhythmus
- Singt einfache Liefeer
- Spielt Rollen
- Gebraucht Farben
- Malt erkennbare Dinge
- Baut erkennbare Dinge
- Formt aus Knet erkennbare Dinge

Besondere Bemerkungen
zu einzelnen Punkten: ....

....

....

Beispiel eines Beobachtungsschemas zur Erfassung von Klienten- und Erzieher-verhalten
(Arb.text Hochsch.f.internat.päd.Forschg., Ffm.)

VERHALTEN DES KINDES:

allge- meiner Kontakt	+	spricht mit Kind zeigt Kind etwas[1] berührt Kind zärtlich fordert Kind zum Mitspielen auf tut etwas gemeinsam m. Kind			
	−	schaut zu, aber spielt nicht mit spielt allein ist allein u. unbeschäftigt lehnt Aufford. z.Mitspielen ab läßt anderes Kind nicht mitspielen schickt/schiebt Kind weg			
helfen- der Kontakt		bietet Hilfe an, hilft Kind tröstet Kind gibt etwas ab an Kind bewundert Kind, lobt Kind[2] erklärt Kind etwas, berät Kind			
Solidari- tät	−	petzt u. beschuldigt b.Erw.			
	+	verbündet sich m.Kind gegen Erw. verbündet sich mit Kind gegen Kind(er) tritt für anderes Kind ein			
Aggres- sivi- tät		ist aggressiv gegen Erzieher ist aggressiv gegen Beobachter ist ungerichtet aggressiv ist aggressiv gegen Sachen tadelt Kind, beschimpft es, schreit es an äußert sich herabsetzend über/zu Kind[3] neckt Kind aggressiv (z.B.d. Kneifen) beleidigt Kind durch Geste droht Kind schlägt Kind, wirft nach ihm u.ä. nimmt Kind etwas weg macht Kind etwas kaputt			
Wohlbe- finden	+	singt lustvoll lacht[4] strahlt			

Wohlbe- finden	−	ist (allein u.) lustlos unbeschäftigt			
		weint			
		äußert Unzufriedenheit			
Selbst- ver- trauen	+	äußert, daß es sich etw. zutraut			
		lobt eigenes Produkt			
	−	sagt, das kann ich nicht, das wird nichts			
		beurteilt eigenes Produkt negativ			
Beachtg.su- chen b.Kind.		prahlt, gibt an bei Kindern			
		macht Faxen bei Kindern			
selbstän- diges Handeln		schlägt Aktivität vor, äußert Absicht			
		sagt, es will etw. selbst tun			
		tut etw. allein trotz angebotener Hilfe			
		äußert abweichende Meinung			
		geht auf Anregung eines Erw. nicht ein			
Selbstbe- hauptung		wehrt sich gegen Einschränkung			
		sichert sich seinen Anteil			
		drängelt sich vor			
		befolgt Anordnung nicht			
Beachtung suchen b. Erw.		hält sich i.d. Nähe eines Erw. auf[5]			
		ruft Erw. zu sich			
		spricht m. Erw./zeigt ihm etwas			
		fragt Erw. etwas			
		erbittet Hilfe von Erw. [6]			
		macht auf sich aufmerksam[6]			
		stellt phys. Kontakt zu Erw. her			

Beobachtungszeitraum:

Institution:

Kind:

Beobachter:

Tag:

anwesende Erzieherin:

Bemerkungen:

---

[1] nicht im Sinne von erklären, vormachen/ nur i.S. von hinweisen auf etwas
[2] nicht, wenn es im "Chor" geschieht
[3] z.B. beschuldigt "X ist faul", macht Kinder lächerlich "was machst du für Mist"
[4] kein Auslachen, albernes Gekicher, Gruppengelächter
[5] sofern nicht der Erw. zu ihm ging
[6] durch Anschauen oder Anlächeln

ERZIEHERVERHALTEN

Minuten:	z.B. 1 2 3 4 5	1 2 3 4 5
Lenkt: ordnet etwas an		
verbietet etwas		
Begründet d.Lenken m. Autorität d. Erw.		
m. Sitte		
m. sachl. Argumenten		
Regt an zu Spiel u.ä. verbal		
durch Vormachen		
durch Material		
zu Konfliktlösen u. soz.Beziehgn.		
zu Reflexion		
Beschäftigt sich mit Kind:		
zeigt o. erklärt ihm etw.		
tut etw. gemeinsam m.Kind		
hört zu, unterhält sich m.Kind		
Ist freundlich:		
lächelt Kind an		
berührt Kind freundl.		
Zeigt soz. Anteilnahme:		
zeigt Interesse an Persönlichem		
bietet Hilfe an, hilft		
tröstet		
tritt für ein Kind ein		
Bestätigt:		
äußert sich anerkennend		
macht Mut		
Akzeptiert		
Kritik, Widerspruch, Aggression		
nimmt hin, daß Vorschlag nicht aufgegriffen wird		
geht auf Vorschlag ein		
erfüllt Wunsch o. Bitte		
beantwortet Fragen		
geht auf Zärtlichkeit ein		
Straft		
schaut strafend		
tadelt, kritisiert, schimpft		
stellt bloß, blamiert		
beachtet absichtlich nicht		

Als weiteres nützliches Hilfsmittel für eine strukturiert aufbauende Verhaltensbeobachtung sei an dieser Stelle ein „Diagnosebogen" vorgestellt, der vom „Ministerium für Kultus und Sport" Baden-Württemberg (Dokumentation Bildung Nr. 1. Kooperation zwischen Kindergarten und Grundschule. Stuttgart 1979) herausgegeben wurde. Er verhilft dem Beobachter dazu, den aktuellen „Ist-Zustand" zu erfassen mit dem Ziel, aus diesen Verhaltensbeobachtungen Beurteilungen oder Fördermaßnahmen für einzelne Kinder abzuleiten.

Bei der Beschreibung des beobachteten Verhaltens kann die Nuancierung sowohl im Hinblick auf die Häufigkeit des Auftretens (oft-selten) als auch auf die Intensität (stark-schwach) des beobachteten Verhaltens vorgenommen werden.

1. Sozialverhalten

1.1 Welches Kontaktverhalten zeigt das Kind innerhalb seiner Gruppe?
— nimmt selbständig Kontakt auf (ungezwungen, aktiv, spontan)
— hält sich zurück (gehemmt, scheu)
— wartet darauf, daß man mit ihm Kontakt aufnimmt (passiv, abhängig).

1.2. Welche emotionalen Zuwendungsmöglichkeiten hat das Kind (gegenüber Alterskameraden — gegenüber Erwachsenen)?
— äußert spontan seine Gefühle (Zuneigung, Mitleid, Einfühlungsvermögen)
— wirkt eher gleichgültig, distanziert, ausdrucksgehemmt.

1.3 Wie ist die Bereitschaft zur Zusammenarbeit/Verhalten bei Konflikten?
— zeigt sich hilfsbereit
— verhält sich verantwortungsbewußt für andere
— kann nachgeben und die Interessen/Meinungen anderer anerkennen
— kann Regeln übernehmen, Gemeinschaftsaufgaben erfüllen, kann vermitteln
— durchsetzungsfähig, aber nicht egozentrisch.

1.4 Welche Verhaltensweisen zeigt das Kind in schwierigen Situationen?
— physisch aggressiv, verbal streitend, resignativ sich zurückziehend, vermeidend, ausweichend.

2. Emotionales Verhalten

2.1. Zeigt das Kind Selbstsicherheit?
— kann seine Wünsche äußern, wirkt angstfrei und sicher
— kann seine Bedürfnisse und Wünsche nicht äußern, wirkt eher ängstlich, unsicher, gehemmt.

2.2 Verhält sich das Kind selbständig?
— entwickelt Eigeninitiative.

3. Motivationales und intellektuelles Verhalten

3.1 Wie ist die Merkfähigkeit ausgeprägt?
- kann Aufgenommenes nach kurzer/längerer Zeit wiedergeben
- kann nach längerer Zeit früher Aufgenommenes reproduzieren (Angabe: Zeitraum des Behaltens, Art der Information).

3.2 Wie verhält sich das Kind bei Aufgaben, die Konzentration und Ausdauer erfordern?
- kann aufmerksam zuhören, Arbeitsanweisungen erfassen
- führt Arbeiten kürzerer/längerer Dauer zu Ende
- kann sich über einen längeren/kürzeren Zeitraum konzentrieren.

3.3 Wie verhält sich das Kind im Spiel und bei Arbeiten?
- bringt neue, originelle Einfälle
- verwendet meist vorgegebene Muster
- beharrt auf immer gleichen Schemata.

3.4 Über welche Kenntnisse und Fertigkeiten verfügt das Kind?
- kann Zusammenhänge seines Erfahrungsumfeldes erfassen und wiedergeben
- kann Gegenstände in bezug auf ihre Eigenschaften (Mengen, Größen, Farben) benennen
- kann mit Gegenständen, Materialien und Werkzeugen angemessen umgehen (Handhabung von Papier, Bleistift, Schere usw. sowie sorgfältiges Umgehen mit Gebrauchsgegenständen).

3.5 Welche besonderen Interessen sind beim Kind zu beobachten?
- z.B. in den Bereichen Spiel, Sprache, Musik, Malen, Werken, Sport, Natur, Technik, häuslich-pflegerischer Bereich.

4. Sprachverhalten

4.1 Zeigt das Kind altersgemäßes Sprachverständnis und sprachliche Ausdrucksfähigkeit?
- kann Gesprochenes inhaltlich erfassen
- kann verständlich und zusammenhängend erzählen
- kann Objekte benennen, Unterschiede und Gemeinsamkeiten herausfinden.

4.2 Sprachstörungen
(Bei Auffälligkeiten sind Sprachheilpädagogen zur Differentialdiagnose hinzuzuziehen).

5. Körperbeherrschung

5.1 Wie kann das Kind seine Gesamtbewegungsabläufe beherrschen?
— kann das Gleichgewicht bewahren
— kann grobmotorische Abläufe koordiniert und gezielt einsetzen (Gehen, Laufen, Springen etc.).

5.2 Wie verläuft die Koordination der Feinmotorik?
— zeigt Finger- und Handgeschicklichkeit.

5.3 Zeigt das Kind Links-Dominanz?
— z.B. beim Werkzeuggebrauch, beim Spiel.

5.4 Motorische Störungen
(Nähere Angaben über die Art der grob- bzw. feinmotorischen Beeinträchtigungen).

6. Sinnesbeherrschung

6.1 Zeigt das Kind akustische Differenzierungsfähigkeit?
— kann Geräusche unterscheiden.

6.2 Zeigt das Kind Anzeichen, die evtl. auf eine Hörstörung hinweisen?
(Nähere Angaben bzw. diagnostische Abklärungen erforderlich).

6.3 Kann das Kind optische Gebilde differenziert betrachten?
— kann Einzelheiten aus einem wahrgenommenen Bild herausgliedern
— kann optische Gebilde aus Einzelheiten (wieder) zusammensetzen.

6.4 Zeigt das Kind Anzeichen, die evtl. auf eine der folgenden Störungen im Bereich der optischen Wahrnehmung hindeuten?
— Augenfehler-Sehstörungen, Farbunterscheidungsschwäche, Formunterscheidungsschwäche (weitere diagnostische Abklärungen erforderlich).
Es ist sinnvoll, die zu beobachtenden Verhaltensmerkmale durch Elterngespräche zu ergänzen.

Eine weitere Möglichkeit zur Beobachtung, Analyse und einer später notwendigen Beschreibung/Beurteilung von Verhaltensweisen stellt Klaus Boerner in seinem Buch 'Das psychologische Gutachten' (Weinheim 2. Auflage 1982) vor. Dabei wird besonders die Notwendigkeit und Bedeutung der Berücksichtigung von spezifischen Bedingungen und Situationen betont:

Bei der vollständigen und strukturierten Darstellung der Persönlichkeitsaspekte des Probanden kann auf folgende Bereiche eingegangen werden:
— Verhaltensbeobachtung, wie gibt sich der Pb nach außen
    äußeres Erscheinungsbild, Veränderungen während der Untersuchung
    Verhalten gegenüber dem Psychologen und während der Testsituation

Eindruck während des Gesprächs
- Selbstbild, Selbsteinschätzung
  Selbstschilderung des Pb
  Problemschilderung
  Selbstkritik
  Verhältnis Selbstbild zur Realität
- Schilderung der vorliegenden Problematik, Zusammenfassung der Testbefunde in funktionellen Einheiten, die folgende zu integrierende Persönlichkeitsaspekte umfassen können:
Sozialverhalten
  Grundstimmung des Pb
  Aktivität vs. Passivität
  Extraversion vs. Introversion
  Kontaktfähigkeit, Kontaktfreudigkeit
  Impulsivität
  Reizbarkeit
  Aggressivität vs. Zurückhaltung
  Selbständigkeit vs. Abhängigkeit
  Verhalten gegenüber Kontakt- und Bezugspersonen, Normen, Regeln des Zusammenlebens, Autoritäten
  Reaktionen auf Belastungssituationen im sozialen Bereich
  Zuwendungswünsche, Wunsch nach Anerkennung
  Durchsetzungsvermögen
  Intensität der Sozialkontakte
Sicherheit vs. Unsicherheit
  Realismus vs. Träumerei
  Ernst und Unabhägigkeit der Meinungsbildung
  Radikalität vs. Konformität
  Autoritätsverhalten
  Eigenständigkeit vs. Ungefestigtheit
  Selbständigkeit vs. Abhängigkeit
Kontrollfähigkeit im emotionalen Bereich
  Selbststeuerung
  Spontaneität vs. Gebremstheit, Zurückhaltung
  Triebsteuerung
  Labilität vs. Stabilität
  Aggressivität
  Problemverarbeitung
  Impulsivität

Belastbarkeit
  allgemeine Belastbarkeit
  psychische Überanstrengung
  Belastbarkeit im sozialen Bereich
  Reaktionen auf Belastungssituationen
  Phlegma vs. Aufbrausen
Ausdauer
  Beharrlichkeit vs. schnelles Resignieren
  Durchsetzungsvermögen
Willenskontrolle
  Ernsthaftigkeit
  Sorgfalt
  Gewissenhaftigkeit
  Ordentlichkeit
Anspruchsniveau
  Leistungsmotivation
  Angst vor Mißerfolg
  Eigenerwartung vs. Fremderwartung
Verhalten und Erleben im Leistungsbereich
  Interesse
  Konzentration
  Motiviertheit vs. Desinteresse
  Ehrgeiz
Umgang mit Einstellungen und Haltungen
  Ausrichtung auf ein Lebensziel
  Wertorientiertheit
  Sprunghaftigkeit vs. Beständigkeit
Realitätsverarbeitung
  Affekthaftigkeit vs. Kontrolliertheit
  Realitätssinn
  Optimismus vs. Pessimismus
Konfliktverarbeitung
  Belastbarkeit
  Selbstkontrolle
  Lösungsbemühungen
  Problemeinsicht
  Problemreaktionen
  Stand der Entwicklung, persönliche Reife

72

(wie aus den teilweisen Mehrfachnennungen bestimmter Symptome oder Merkmale zu ersehen ist, lassen sich diese Bereiche nicht nacheinander abhandeln, sondern sollten in Einheiten zusammengefaßt werden, die die Besonderheit des Probanden treffen)

- Genetische Herleitung, Ursachen der Problematik
    Entwicklungsauffälligkeiten
    Artikulation der Zuwendungsbedürfnisse
    Traumatisierende Ereignisse
    Erziehungsstil der Eltern
    Besonderheiten der Erziehung (Heimaufenthalte, Prügelstrafe u. ä.)
    Sozialkontakte
    Ausbildung
    Anforderungen
    . . . (hypothesenartig)
- Art, in der sich der Pb mit seinen Problemen auseinandersetzt
    Symptome
    Fehlverhalten
    Einsicht
    Realitäts- und Problemverarbeitung
    Reaktionen des Pb und Lösungsverhalten
- Brisanz der Symptome

Als zusätzliche Möglichkeit der Verhaltensbeobachtung bietet sich das Erfassen sozialer Beziehungsstrukturen an, das geeignet ist, die vielschichtige Struktur der sozialen Beziehungen unter den verschiedensten Aspekten zu erfassen und somit einen Einblick in das soziale Gefüge z.B. einer Kindergartengruppe oder Schulklasse zu bekommmen. Das "Beziehungsdarstellungsverfahren" ermöglicht es, Wechselbeziehungen einzelner Kinder/Jugendlicher und Gruppen und ihre Dynamik zu erfassen und darzustellen (z.B. in Soziogrammen). Mit ihrer Hilfe kann man folgende Merkmalbesonderheiten der Beziehungen feststellen:

- bestimmte Aktions-/Aktivitätsrichtungen
- bestimmte Intimitätswünsche
- bestimmte Intensitätsausrichtung
- (bei Zwischen-/Nachbeobachtungen) bestimmte Beständigkeit

Dieses Verfahren kann eine Verbindung von Beobachtung und einem Gespräch und/oder einer Befragung sein.

Bei den Soziogrammen werden in erster Linie Zuwendungen, Ablehnungen und Beziehungen unterschiedlicher Art durch Verbindungslinien zwischen den Symbolen für das einzelne Kind/den einzelnen Jugendlichen eingetragen. Für Sympathie kann z.B. eine ununterbrochene Linie, für Antipathie eine unterbrochene

Linie und für die Richtung der Sympathie oder Antipathie ein Pfeil gewählt werden. Es muß dem Beobachter aber immer klar bleiben, daß das Soziogramm nur ein Momentausschnitt aus einer bestimmten Situation ist, bei dem z.B. Inhalte, Motive oder Stabilität der Beziehungen nicht ausgedrückt werden.

Beim Erarbeiten und Interpretieren von Soziogrammen sollte sich der Beobachter auf folgende Bereiche konzentrieren:

— Häufigkeit von Sympathie und Antipathie
— mögliche Gruppierungen und ihren "Star"
— Isolierung einzelner Kinder oder Jugendlicher oder von Gruppierungen
— Art der Gruppenbildungen

74

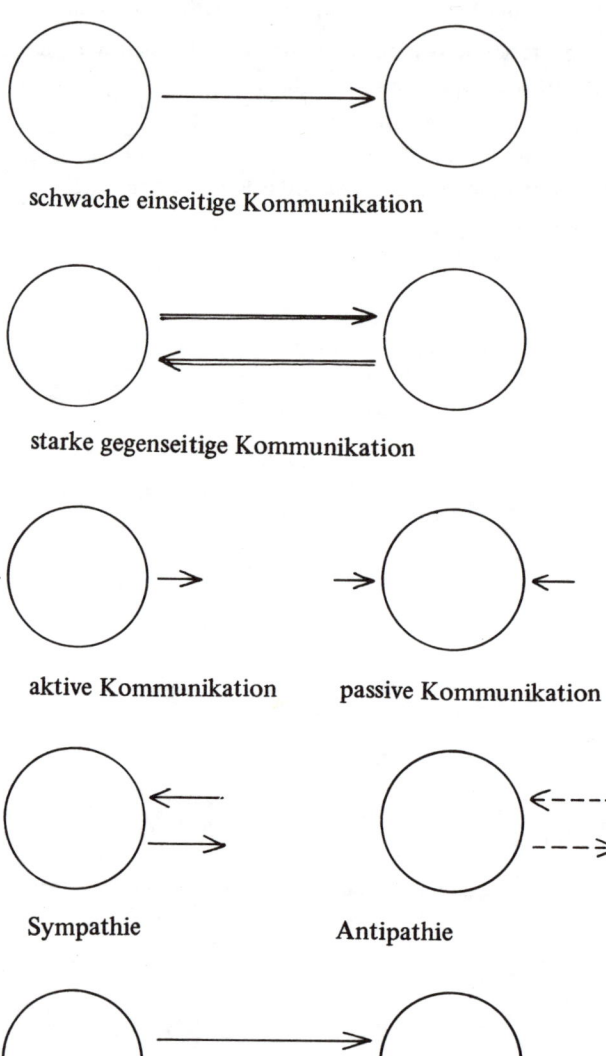

schwache einseitige Kommunikation

starke gegenseitige Kommunikation

aktive Kommunikation   passive Kommunikation

Sympathie   Antipathie

wechselseitige, aber ungleiche Beziehungen

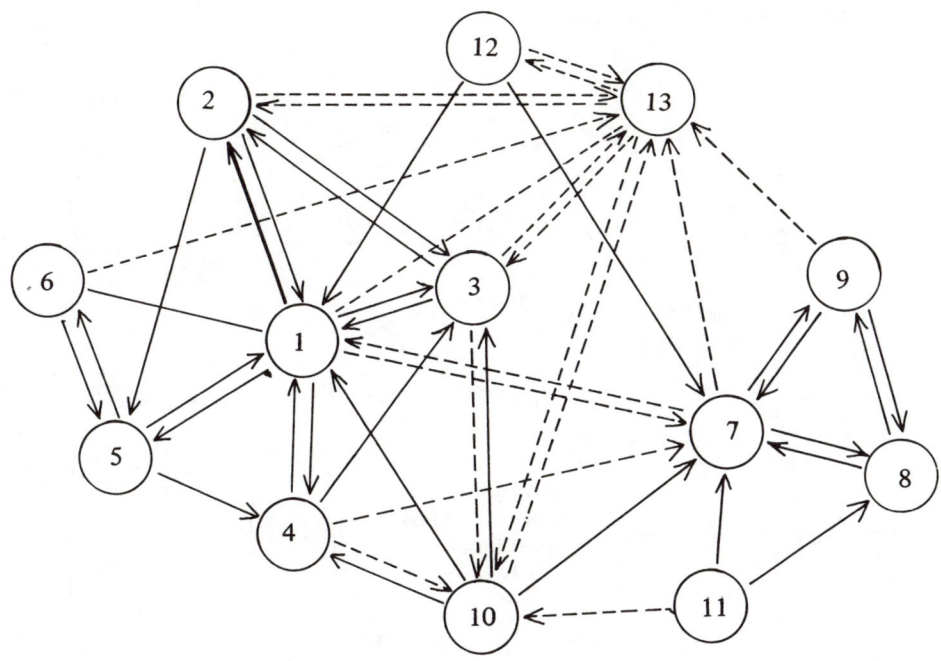

Beispiel eines Soziogramms einer Gruppe von 13 Personen

Anmerkung: Person 1 wäre ein typischer "Star"
                   Person 12 wäre ein typischer "Mitläufer"
                   Person 13 wäre ein typischer "Igel"
                   Person 7 wäre ein "kleiner Star"
                   Person 10 wäre ein typisch "schwarzes Schaf"

Kreisdiagramm:

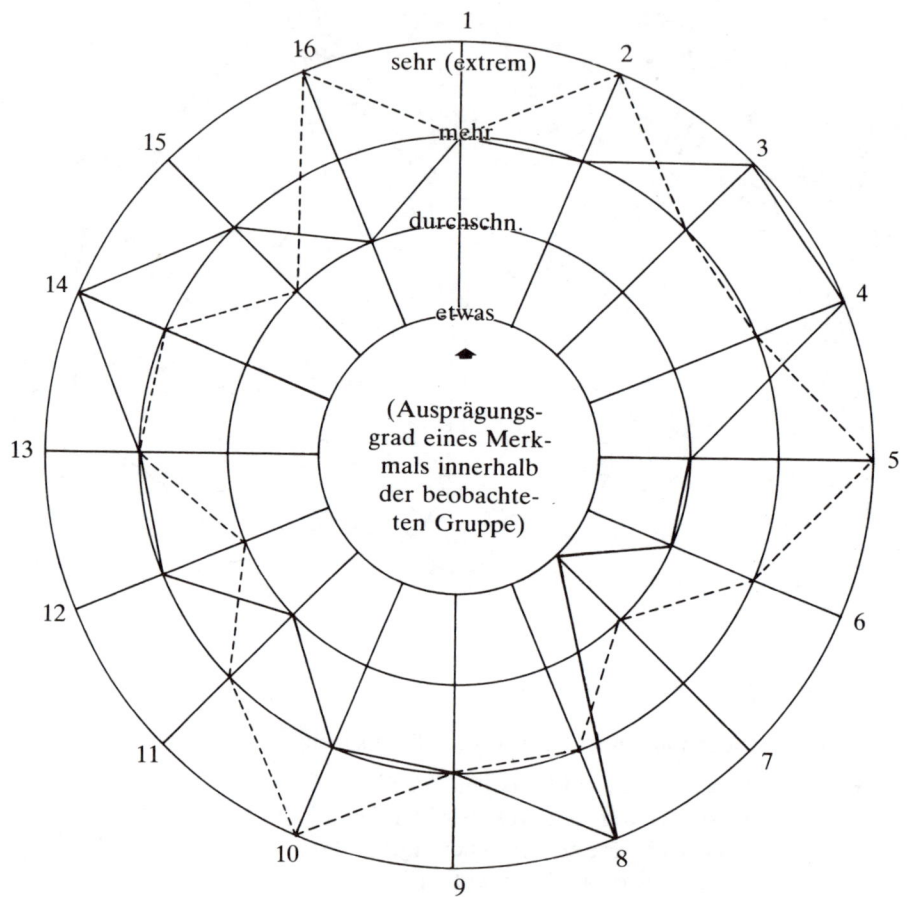

1
sehr (extrem)
mehr
durchschn.
etwas

(Ausprägungs-
grad eines Merk-
mals innerhalb
der beobachte-
ten Gruppe)

– – – – 1. Untersuchung
– – – – 2. Untersuchung (z.B. 2 Monate später)
Die Zahlen 1 - 16 stehen für je ein Kind/einen Jugendlichen
(Beispiel für Merkmale: soziale Verhaltensweisen oder Störverhalten.....)

Eine weitere Möglichkeit der Darstellung von Daten bietet die sogenannte „Beziehungsmatrix", eine Skala, die aus Spalten und Zeilen besteht, in die erfragte oder beobachtete Beziehungen zwischen Kindern/Jugendlichen eingetragen werden. Besonders erwähnenswert scheinen die folgenden Vorteile zu sein:

— Es können Cliquen in einer Gruppe deutlich ermittelt werden,
— Spannungskerne in einer Gruppe werden herausgestellt
— positive/negative Beziehungen der Kinder/Jugendlichen untereinander werden aufgezeigt.

Aufgrund der eingesetzten Zahlen und deren Umrechnung erhält der Beobachter Meßwerte, um Beziehungen in einer Gruppe zu beurteilen und interpretieren zu können. Die Ergebnisse lassen sowohl Rückschlüsse auf den soziometrischen Status *einer* Person (z.B. Anzahl der Wahlen oder Ablehnungen, häufig gewählte Personen, isolierte Personen, abgelehnte Personen) als auch auf spezifische Eigenschaften der *Gruppe* (Zusammengehörigkeitsgefühl, Konfliktmaß) zu.

Wähler	Gewählte					Abgegebene Stimmen		
	A	B	C	D	E	+	–	Total
A								
B								
C								
D								
E								
Erteilte +								
Stimmen –								
Total								

Beispiel:

Wähler	Gewählte								Abgegebene Stimmen		
	A	B	C	D	E	F	G	H	+	−	Total
A		+			−				1	1	2
B	+		−						1	1	2
C	+					−			1	1	2
D			−		+				1	1	2
E	+		−						1	1	2
F	+		−						1	1	2
G		−	+						1	1	2
H			−	+					1	1	2
Erteilte +	4	1	0	1	1	1	0	0	8		
Stimmen −	0	0	6	0	1	0	1	0		8	
Total	4	1	6	1	2	1	1	0			16

+ = Sympathie   − = Antipathie   0 = Gleichgültigkeit

Für die Beurteilung eines Kindes/Jugendlichen (in unserem Fall z.B. Person C) werden die betreffenden 8 Gruppenmitglieder gebeten, einen aus der Gruppe zu nennen, mit dem derjenige z.B. am liebsten in die Ferien fahren würde und einen, mit dem er nicht wegfahren möchte. Die gesammelten Ergebnisse werden in die Tabelle (s.o.) eingetragen, addiert und, um die Beziehung des betreffenden Kindes/Jugendlichen zu seinen Kameraden abklären zu können, analysiert.

In unserem Fall könnte Person C wegen der häufigen Ablehnungen als Außenseiter bezeichnet werden, Person A als beliebt, Person H als isoliert (er wurde weder gewählt noch abgelehnt).

Eine der Beziehungsmatrix ähnliche Skala kann der Erfassung von *Interaktionshäufigkeiten* dienen, wobei der Beobachter auf seiner Liste die Anzahl der verbalen Äußerungen mit einem bestimmten Mitglied aus der Beobachtungsgruppe aufschreiben und auszählen kann. Die Auswertung läßt Aussagen über die Interaktionshäufigkeit zwischen zwei Personen zu und gibt zum Beispiel Aufschluß darüber, wer am meisten/am wenigsten angesprochen wird, wer am meisten/am wenigsten spricht, wo ständige/häufige Dialoge sind oder wer stets in der Gruppe unberücksichtigt bleibt.

Quantitative Erfassung von Interaktionshäufigkeiten:
  S t r i c h l i s t e –

Gruppenteilnehmer

aktiv	A	B	C	D	E	F	G	H	I	K	L	Summe passiv
passiv												
A	—											
B		—										
C			—									
D				—								
E					—							
F						—						
G							—					
H								—				
I									—			
K										—		
L											—	
Summe aktiv												

80

Ein besonderes *Beobachtungsverfahren* zur Untersuchung kleiner Gruppen als wirksame und aussagekräftige Methode *zur Analyse von Interaktionen* entwickelte Robert F. Bales dadurch, daß er durch Beobachtungen von Gruppen Beobachtungseinheiten (bis zu 85) verwandt, die sich für ihn aus unstrukturierten Beobachtungsvollzügen ergaben. Schließlich entschied er sich für 12 Beobachtungskategorien, die er in einem Beobachtungsschema aufführte:

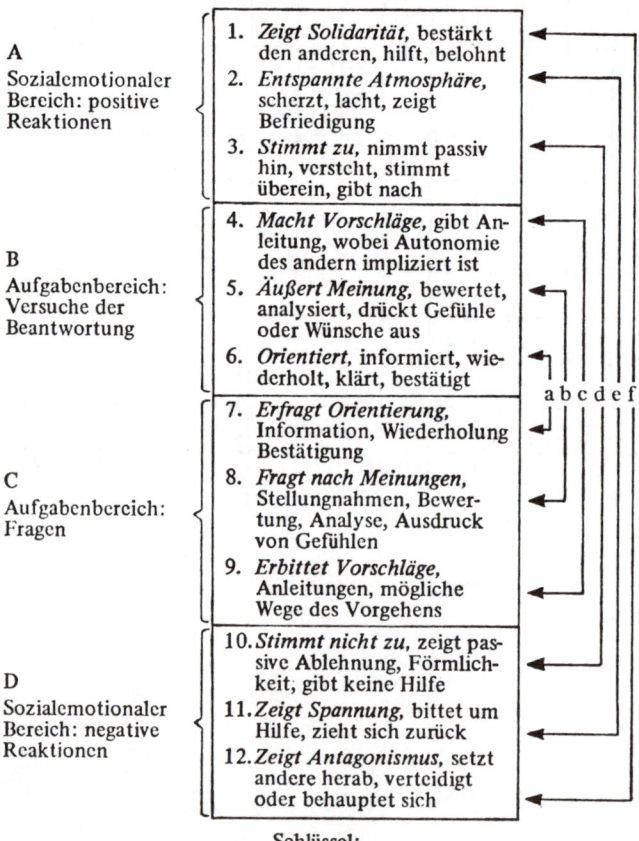

A
Sozialemotionaler Bereich: positive Reaktionen

1. *Zeigt Solidarität*, bestärkt den anderen, hilft, belohnt
2. *Entspannte Atmosphäre,* scherzt, lacht, zeigt Befriedigung
3. *Stimmt zu,* nimmt passiv hin, versteht, stimmt überein, gibt nach

B
Aufgabenbereich: Versuche der Beantwortung

4. *Macht Vorschläge,* gibt Anleitung, wobei Autonomie des andern impliziert ist
5. *Äußert Meinung,* bewertet, analysiert, drückt Gefühle oder Wünsche aus
6. *Orientiert,* informiert, wiederholt, klärt, bestätigt

C
Aufgabenbereich: Fragen

7. *Erfragt Orientierung,* Information, Wiederholung Bestätigung
8. *Fragt nach Meinungen,* Stellungnahmen, Bewertung, Analyse, Ausdruck von Gefühlen
9. *Erbittet Vorschläge,* Anleitungen, mögliche Wege des Vorgehens

D
Sozialemotionaler Bereich: negative Reaktionen

10. *Stimmt nicht zu,* zeigt passive Ablehnung, Förmlichkeit, gibt keine Hilfe
11. *Zeigt Spannung,* bittet um Hilfe, zieht sich zurück
12. *Zeigt Antagonismus,* setzt andere herab, verteidigt oder behauptet sich

a b c d e f

Schlüssel:
a − Probleme der Orientierung
b − Probleme der Bewertung
c − Probleme der Kontrolle
d − Probleme der Entscheidung
e − Probleme der Spannungsbewältigung
f − Probleme der Integration

aus: Atteslander, P., 3. Aufl. 1974

Was bedeuten nun die 12 Kategorien und wie kann mit diesem Schema gearbeitet werden?

Während des Verlaufes von Interaktionen registriert ein Beobachter alle verbalen und nonverbalen Äußerungen sowie Handlungen der zu Beobachtenden — verbale Äußerungen, die Ausdrucks-, Appell- oder Darstellungsmerkmale aufweisen, Handlungen, die Anteilnahme, Hilfsbereitschaft bzw. deren Gegenteil beinhalten.

Nun werden bei jeder Registrierung drei verschiedene Aspekte festgehalten:

a) die qualitative Einstufung des jeweiligen Verhaltens,

b) die sich verhaltende Person,

c) der Adressat.

Damit eine schnelle und übersichtliche Registrierung möglich ist, wird jede Person — als Sender und Empfänger — mittels einer Zahl zugeordnet (also 1, 2, 3, 4, n,). Die Gruppe als Adressat (also keine verbale bzw. nonverbale Äußerung bzw. Handlung, die sich an eine bestimmte Person richtet, sondern an die Gruppe) erhält die Zahl 0.

Nun wird jede "Beobachtungseinheit", d.h. jede kleinste erkennbare Einheit des Verhaltens, die einer der 12 Kategorien entspricht, in einem Protokollbogen notiert.

Protokollbogen zum Beobachtungsschema:

Kategorien

1										
2										
3										
4										
5										
6										
7										
8										
9										
10										
11										
12										

Verlauf ──────────────────────────────────────▶

(In diesem Bogen wird entsprechend des Interaktionsverlaufes — = von links nach rechts -- in der entsprechenden Kategorie festgehalten, wer — = Zahl — sich an wen — = Zahl — wendet.)

Zur Auswertung des Protokollbogens werden die beobachteten Häufigkeiten für *jede* Kategorie und *jede* Person addiert, anschließend werden für jede Person und die Gruppe als Ganzes die Häufigkeiten der Kommunikationsbereiche und -probleme errechnet. Stehen die Werte fest, so können interpretative Aspekte herangezogen werden, z.B.:

"1. Individuen-orientiert: Häufigkeitsverteilung der verbalen Aktivitäten jedes Gruppenmitgliedes.

Gibt es Teilnehmer, die sich überwiegend in einer bestimmten Art äußern, z.B. nur nicht-zustimmend oder nur im positiven sozial-emotionalen Bereich?

2. Verändert sich das Verhalten der einzelnen im Verlauf der Diskussion?

3. Gruppen-orientiert: Wie häufig wird eine Person von einer anderen angesprochen, wie häufig die Gruppe? Gibt es z.B. einen Führer, an den sich die meisten Äußerungen richten, der sich seinerseits aber sehr oft an alle Mitglieder der Gruppe richtet?

4. Gibt es Diskussionsmuster, die teilnehmerspezifisch sind, z.B. bei Teilnehmern gleicher sozialer Schicht, gleichen Alters, gleicher politischer Überzeugung? Wie wirkt sich demgegenüber die Heterogenität einer Gruppe auf die Art und Häufigkeit der verwendeten Kategorien aus?

5. Analyse des Gruppenprozesses, der Phasen der Diskussion und der phasenspezifischen Häufigkeiten einzelner Kategorien."

(aus: Friedrichs, J., 1971)

3.1.2 Fragen zur Wiederholung/Reflexion wesentlicher Aspekte der "Verhaltensbeobachtung"

Im folgenden sind sechs Fragen formuliert, die Sie — falls Sie sich dazu motiviert fühlen — zur Überprüfung Ihres Wissens beantworten können, um wesentliche Aspekte noch einmal zu verdeutlichen und zu reflektieren.

1) Versuchen Sie, den Begriff "Verhaltensbeobachtung" zu beschreiben und Einzelelemente in ihrer Bedeutung zu begründen.

2) Nennen Sie die verschiedenen "Formen der Beobachtung" und führen Sie sie unter Beschreibung ihrer Merkmale kurz aus.

3) Nennen Sie Gründe, warum "Beobachtung" als sozial- und sonderpädagogische Methode bis heute von vielen Erziehern und Heilpädagogen wenig verwendet und damit vernachlässigt wurde.
   Begründen Sie zum anderen die unabdingbare Notwendigkeit der Beobachtung für ihre praktische Arbeit.

4) Nennen und beschreiben Sie "Fehlerquellen", denen ein Beobachter unterliegen kann.
   Zeigen Sie für sich zu ziehende Konsequenzen auf, die dazu führen, Fehlerquellen zu minimieren.

5) Nennen und beschreiben Sie kurz die Fragen, die der Beobachter *vor* jeder wissenschaftlichen Beobachtung zu stellen und für sich zu beantworten hat.
   Beschreiben Sie, welche praktischen Konsequenzen das für Ihre Arbeit hat.

6) Nennen Sie die wesentlichen Anforderungen an eine Verhaltensbeobachtung, wenn sie repräsentativ sein soll. Beschreiben Sie, wie die Anforderungen praktisch umzusetzen sind.

3.1.3 Testuntersuchung

Testuntersuchungen gehören zwar ebenfalls zur Gruppe der 'Datenbeschaffungs-technicken' (psychologische Diagnostik oder Psychodiagnostik ist ein Teilgebiet der Psychologie, das sich mit der Gewinnung von Aussagen über individuelle psychische Eigenschaften oder Verhaltensweisen von Personen befaßt) und sind sicherlich auch in bestimmten Fällen bei der Erstellung von Beurteilungen hilfreich und zum Teil auch notwendig, doch kann und sollte dieser Abschnitt aus folgenden Gründen keineswegs auf theoretische Aspekte von Testuntersu-chungen im einzelnen eingehen, weil grundsätzlich davon ausgegangen werden muß, daß nur derjenige Beobachter/Beurteiler dann Testverfahren verwendet, wenn er im Umgang mit diesem Verfahren der Datenerhebung vertraut ist.
Dennoch scheinen mir einige Anmerkungen nötig zu sein:

1) Generell ist vor einem leichtfertigen Gebrauch von gebräuchlichen und be-währten Testverfahren zu warnen, weil für deren Benutzung eine umfassende Kenntnis der jeweiligen Tests sowie eine breite Übungspraxis (wenn möglich mit einem erfahrenen Testbenutzer) eine unabdingbare Voraussetzung ist und viele Pädagogen diese Voraussetzung nicht erfüllen.

2) Damit verbunden ist die große Gefahr von Fehldeutungen, falschen Diagnosen und folgefalschen Aussagekonsequenzen, die dann eine Beurteilung zu einem gefährlichen Unternehmen werden lassen und damit dem zu beurteilenden Kind/Jugendlichen schwer schaden können.

3) Es besteht die Gefahr — und dies wird häufig in der Praxis bestätigt –, daß Pädagogen hauptsächlich den zu Beurteilenden aus Persönlichkeits-, Lei-stungs- oder Intelligenztests umfassend beurteilen wollen.
Eine Testuntersuchung stellt aber immer nur eine Teilinformation dar, zu der weitere Informationsquellen hinzugezogen werden müssen, um dann erst abschließend eine Beurteilung abfassen zu können.

4) Wenn in diesem Buch auf Testuntersuchnngen im speziellen Fall hingewiesen würde, so müßten z.B. auch folgende Bereiche ausführlich angesprochen wer-den: Aufgaben der pädagogisch/psychologischen Diagnostik, Grundprinzipien der Testpsychologie, Erläuterung der verschiedenen Testverfahren und ihre Interpretation, Kriterien zur Beurteilung der Ergebnisse, Statistik für den Um-gang mit Tests, Möglichkeiten und Grenzen der Testanwendung ... . Dies alles würde den Rahmen dieser Arbeit zusätzlich sprengen.

Deshalb soll demjenigen, zu dessen Praxis der Einsatz von Testverfahren gehört, an dieser Stelle nur eine Auswahlliste von einigen psychologischen Tests vorgestellt werden, um dem Leser einen – sicherlich nicht vollständigen – Überblick von psychodiagnostischen Verfahren zu geben und ihn lediglich kurz über die Anwendungsbereiche sowie die Anwendungsmöglichkeiten zu informieren; dabei sind die Testverfahren (Entwicklungstests, Einschulungstests, Schuleignungstests, Wahrnehmungstests, Sprech- und Sprachleistungstests, Leistungsmotivationstests, allgemeine und spezielle Intelligenztests, Begabungstests, motorische, sensorische und psychische Leistungstests, Persönlichkeitstests, Interessentests, Einstellungstests) alphabetisch geordnet.

AEM 5–7   (Attribuierungsfragebogen für Erfolg und Mißerfolg in der Schule für 5.–7. Klassen)
Anwendungsbereich: 5.–7. Klassen
Anwendungsmöglichkeiten: Der AEM 5–7 ist ein Persönlichkeitstest, der die internalen (Begabung – Anstrengung) und externalen (Zufall – Aufgabenschwierigkeit) Kausalfaktoren, die von den Schülern für ihre Erfolge und Mißerfolge verantwortlich gemacht werden, erfassen soll. Die Art und Weise dieser Erklärung (Attribution) stellt eine entscheidende Bedingung für das Auftreten bzw. Fehlen leistungsorientierten Verhaltens dar.

AFS   (Angstfragebogen für Schüler)
Anwendungsbereich: Alter 9–16/17 Jahre
Anwendungsmöglichkeiten: Der AFS ist ein Fragebogen zur Erfassung von ängstlichen und unlustvollen Erfahrungen von Schülern (Prüfungsangst, allgemeine/manifeste Angst, Schulunlust), er erfaßt auch das Ausmaß der Angstatmosphäre in Schulklassen und dient ferner als Grundlage für therapeutische Maßnahmen und zur Kontrolle des bewirkten Erfolges.

AID   (Adaptives Intelligenz Diagnostikum)
Anwendungsbereich: 6–15 Jahre, alle Schularten
Anwendungsmöglichkeiten: Der AID ist als Instrument zur Erfassung der allgemeinen intellektuellen Leistungsfähigkeit konzipiert und gliedert sich in die Bereiche „verbal – akustische" und „manuell – visuelle" Fähigkeiten.

AIT   (Analytischer Intelligenz-Test)
Anwendungsbereich: ab 12 Jahre
Anwendungsmöglichkeiten: Der AIT ist ein Intelligenzdiagnostikum im Rahmen des schulpsychologischen Dienstes und zur Berufsberatung von Hauptschülern der älteren Jahrgänge.

ALS   (Aussageliste zum Selbstwertgefühl für Kinder und Jugendliche)
Anwendungsbereich: 8–16 Jahre

Anwendungsmöglichkeiten: Die ALS soll durch die Methode der Selbstverbalisation Art (Qualität) und Ausmaß (Quantität) des Selbstwertgefühls von Kindern und Jugendlichen differenziert bestimmen.

AST 2/3/4 (Allgemeiner Schulleistungstest für 2./3./4. Klassen)
Anwendungsbereich: die letzten drei Monate der 2. Klasse, 2. Halbjahr der 3. Klasse bzw. 4. Klasse
Anwendungsmöglichkeit: Der AST läßt eine objektive und zusammenfassende Untersuchung der Schulleistung in den o. g. Klassen zu, wobei der AST 2 zusätzlich ein Hilfsmittel zur Feststellung einer mgl. Sonderschulbedürftigkeit ist. Die Leistungen in den Untertests zeigen die Stärken und Schwächen der Schüler.

ASVT (Anweisungs- und Sprachverständnistest)
Anwendungsbereich: Schulanfänger
Anwendungsmöglichkeit: Der ASVT überprüft eine wichtige Voraussetzung des Erfolges im Anfangsunterricht: das Verständnis von Anweisungen, wie sie im Unterricht vorkommen und Sprache, die im Unterricht gebraucht wird.

AVT (Anstrengungsvermeidungstest)
Anwendungsbereich: für Schüler des 5.–9. Schuljahres)
Anwendungsmöglichkeit: Der AVT ist ein Persönlichkeits-Struktur-Test, der im Zusammenhang mit schulischen Lernstörungen die Tendenz mißt, sich schulischen Leistungsanforderungen zu entziehen. Im Hinblick auf die Leistungsmotivation werden Pflichteifer und Anstrengungsvermeidungstendenz untersucht.

AWST 3–6 (Aktiver Wortschatztest für 3–6jährige Kinder)
Anwendungsbereich: 3.–6. Lebensjahr
Anwendungsmöglichkeit: Durch Messung des aktiven Wortschatzes werden Sprachentwicklungsstörungen und -verzögerungen erfaßt und differenzialdiagnostisch abgeklärt. Dadurch gibt der Test auch Hinweise für die Förderung in Kindergärten und sonstige vorschulische Einrichtungen und Beratungsstellen.

AzN 4+ (Aufgaben zum Nachdenken)
Anwendungsbereich: Ende der 4., Anfang der 5. Klasse
Anwendungsmöglichkeit: Dieser Test ist vor allem für die Begutachtung von Kindern vorgesehen, die von der Grundschule zu einer weiterführenden Schule übergehen wollen, er gibt Auskunft über den aktuellen Stand der Begabung.

BBK (Beobachtungsbogen für Kinder im Vorschulalter)
Anwendungsbereich: 4–6jährige Kinder

Anwendungsmöglichkeit: Der Beobachtungsbogen soll dem Erzieher verläßliche Informationen über folgende Verhaltensbereiche liefern: Soziales und emotionales Verhalten, Spielverhalten, Sprach- und Arbeitsverhalten.

BBT 3–4 (Bildungs-Beratungs-Test für 3. und 4. Klasse)
Anwendungsbereich: Schüler aus 3. und 4. Klassen
Anwendungsmöglichkeit: Mit dem BBT 3–4 können Daten zur Beratung und Förderung von Schülern gewonnen werden.

BEDS (Beurteilungsbogen für Erzieherinnen zur Diagnose der Schulfähigkeit)
Anwendungsbereich: Kindergarten
Anwendungsmöglichkeit: Der BEDS soll die von den Erzieherinnen vorgenommenen Beobachtungen in strukturierter Form zusammenfassen und für die Beurteilung der Schulfähigkeit nutzbar machen. Er erfaßt neben der kognitiven Entwicklung auch Sozial- und Arbeitsverhalten. Der BEDS ist vor allem zur Ergänzung von Einschulungstests geeignet.

BET (Berufs-Eignungs-Test)
Anwendungsbereich: Jugendliche im Alter von 13 bis zum Erwachsenen von 34 Jahren
Anwendungsmöglichkeit: Der BET dient zur Feststellung der beruflichen Eignung.

BFL (Beurteilungshilfen für Lehrer)
Anwendungsbereich: Schüler vom 3.–11. Schuljahr)
Anwendungsmöglichkeit: Die Beurteilung für Lehrer gliedern sich in fünf komplexe Merkmalsbereiche: Kognitives Verhalten, Arbeitsverhalten, emotionale Widerstände, Sozial-Verhalten und praktisch-motorischer Bereich.

BIT (Berufs-Interessen-Test)
Anwendungsbereich: Jugendliche ab 14 Jahre
Anwendungsmöglichkeit: Der BIT dient der Ermittlung beruflicher Interessen und wird vor allem bei der Berufsberatung, der Berufswahl, in der Erziehungsberatung und in psychologischen Eignungsuntersuchungen angewandt.

BIV (Biographisches Inventar zur Diagnose von.Verhaltensstörungen)
Anwendungsbereich: Erwachsene
Anwendungsmöglichkeit: Das Instrumentarium eignet sich besonders zur Diagnose neurotischer Störungen und umfaßt auch Skalen: Familiäre Situation, Ich-Stärke, soziale Lage, Erziehungsverhalten, Neuroti-

zimus, soziale Aktivität, psychophysische Konstitution und Extraversion.

BT (Benton-Test)
Anwendungsbereich: Altersstufen von 8–64 Jahren
Anwendungsmöglichkeit: Der BT ist ein nonverbaler Intelligenztest zur Prüfung der visuellen Merkfähigkeit.

BTS (Begabungs-Test-System)
Anwendungsbereich: ab 7½ Jahren
Anwendungsmöglichkeit: der BTS vermittelt einen Überblick über Intelligenz-, Rechtschreibe- und Rechenleistung, Konzentrationsfähigkeit und Gewissenhaftigkeit bei dem zu Untersuchenden.

CAT (Der Kinder-Apperzeptions-Test)
Anwendungsbereich: Kinder im Alter von 3–10 Jahren
Anwendungsmöglichkeit: Der CAT ist ein projektiver Persönlichkeitstest für Kinder. Auf 10 Bildern werden Tiere (Identifikationsfiguren) in verschiedenen sozialen Situationen dargestellt.

CFT (Grundintelligenztest, Culture Free Test)
Skala 1: Anwendungsbereich: Kinder von 5–9 Jahren
Skala 2: Anwendungsbereich: Kinder von 9–14 Jahren
Skala 3: Anwendungsbereich: Kinder ab 14 Jahre
Anwendungsmöglichkeit: CFT Skala 1 eignet sich besonders zur Diagnose von Legasthenie, Beratung bei Schulschwierigkeiten, Überprüfung von Sonderschulbedürftigkeit.
CFT Skala 2 ermittelt die „Grundintelligenz" und wird häufig zur Schulaufnahme-, Erziehungs- und Bildungsberatung gebraucht.
CFT Skala 3 ist besonders zur Differenzierung höherer Intelligenzgrade geeignet sowie zu Untersuchungs- und Beratungszwecken in weiterführenden Schulen und im Hochschulbereich.

CMV (Checkliste motorischer Verhaltensweisen)
Anwendungsbereich: Kinder im Alter von 3–11 Jahren
Anwendungsmöglichkeit: Der CMV gestattet qualitative Aussagen über das Bewegungsverhalten von Kindern und gibt eine Groborientierung über psychomotorische Komponenten wie Antrieb, Motivation, Übereifer, Ängstlichkeit u.. a.

CMM-LB (Columbia Mental Maturity Scale/Gruppenintelligenz für lernbehinderte Sonderschüler)
Anwendungsbereich: 9–14jährige lernbehinderte Sonderschüler
Anwendungsmöglichkeit: Der CMM-LB erfaßt vor allem nicht-sprachliche Intelligenzleistungen aus dem Bereich des logisch-schlußfolgernden

Denkens, er dient zur Intelligenzdiagnose beim Ein- bzw. Umschulungs-
verfahren in die Sonderschule für Lernbehinderte und ist als Hilfsmittel
der sozialpädagogischen Begutachtung gedacht.

CPI   (California Psychological Inventory)
Anwendungsbereich: Personen im Alter von 13–70 Jahren
Anwendungsmöglichkeit: Der CPI dient dem Ziel, eine rasche,
geschlossene und objektive Überblicksdiagnose für die normale, nicht-
pathologische Person zu erstellen und positive Verhaltenstendenzen zu
diagnostizieren und zu messen.

CPM   (Raven-Matrizen-Test Coloured Progressive Matrices)
Anwendungsbereich: 4, 9–11 Jahre
Anwendungsmöglichkeit: Der CPM ist ein allgemeiner Intelligenztest.
Aspekte der allgemeinen intellektuellen Leistung werden in „sprachfreier Form" erfaßt. Der CPM ist für den Einsatz bei leistungsschwäche-
ren sowie sprachgestörten, hörgeschädigten und tauben Kindern geeignet.

d 2   (Aufmerksamkeits-Belastungs-Test)
Anwendungsbereich: Personen von 9–60 Jahren
Anwendungsmöglichkeit: Der Test d 2 dient zur Messung der visuellen
Aufmerksamkeitsanspannung und der Konzentrationsfähigkeit

DEF   (Diagnostischer Elternfragebogen)
Anwendungsbereich: für Eltern von Kindern im Alter zwischen 5 und 13
Jahren
Anwendungsmöglichkeit: Mit diesem Fragebogen können Eltern syste-
matisch über die Entwicklung ihres Kindes befragt werden.

•   Denver-Entwicklungsskalen
Anwendungsbereich: bis 6. Lebensjahr
Anwendungsmöglichkeit: Die Denver-Entwicklungsskalen sind als
Suchtest mit dem Ziel konzipiert, möglichst frühzeitig entwicklungsauf-
fällige Kinder zu entdecken. Der Test prüft den Entwicklungsstand,
indem er durch Beobachtung und Elternbefragung die Verhaltensweisen
in den Bereichen „grobe Motorik", „feine Motorik und Adaption",
„Sprache" und „soziale Kontakte" erfaßt.

•   Differenzierungsprobe
Anwendungsbereich: bis 7. Lebensjahr (Vorschulkinder)
Anwendungsmöglichkeit: Der informelle Entwicklungstest soll Defizite
in der sensomotorischen Differenzierung als Ursache für Sprachstörungen diagnostizieren. Untersucht. werden optische, phonematische,
kinästhetische, melodische und rhythmische Differenzierung. Der Test

ist auch für sprachgestörte Kinder und für das Aufnahmeverfahren in Sonderschulen geeignet.

DIT (Differentieller Interessen-Test)
Anwendungsbereich: Jugendliche im Alter von 15–20 Jahren
Anwendungsmöglichkeit: Dieser Fragebogen ist für Jugendliche des Bildungsniveaus der mittleren Reife entwickelt und erfaßt folgende Interessenrichtungen: Sozialpflege und Erziehung, Politik und Wirtschaft, Biologie, Mathematik, Musik, Kunst, Literatur und Sprache, sowie Sport.

DSO (Diagnostisches Soziogramm)
Anwendungsbereich: Personen ab 6 Jahre
Anwendungsmöglichkeit: Das Diagnostische Soziogramm ist eine wichtige Grundlage für eine auf soziale Fähigkeiten gerichtete soziale Erziehung, die dem Erzieher/Lehrer die notwendigen Informationen für seine Arbeit gibt.

DVET (Duisburger Vorschul- und Einschulungstest)
Anwendungsbereich: Kinder von 4 bis 7 Jahren
Anwendungsmöglichkeit: Der DVET soll eine umfassende Diagnose des Entwicklungsstandes grundschulrelevanter Fähigkeiten ermöglichen. Er überprüft die Bereitschaft für schulisches Lernen und den Erfolg durchgeführter Förderungsmaßnahmen.

EAS J/-M (Erfassung aggressiven Verhaltens in konkreten Situationen bei Kindern)
Anwendungsbereich: Grundschule bis Gymnasium
Anwendungsmöglichkeit: Der Test ist ein situationsspezifisches Verfahren, das Sozialverhalten als konkret ausgestaltete und realistische Handlungsschilderung dem Kind nahebringt.

EPI (Eysenck-Persönlichkeits-Inventar)
Anwendungsbereich: Personen ab 14 Jahren
Anwendungsmöglichkeit: Das EPI beabsichtigt die Erfassung der beiden Hauptdimensionen der Persönlichkeit nach Eysenck: Extraversion und Neurotizismus, der Test empfiehlt sich besonders zur Anwendung in der Beratung und bei Fragen der Erfassung klinischer und pädagogischer Verhaltensänderungen.

ESI (Erziehungsstil-Inventar)
Anwendungsbereich: 8 bis 16 Jahre
Anwendungsmöglichkeit: Das ESI soll bei der Suche nach möglichen erziehungsbedingten Ursachen von Verhaltensproblemen (Schulangst, Leistungsproblemen, geringes Selbstvertrauen, Aggressivität) helfen.

Erfaßt wird das vom Kind erlebte mütterliche und väterliche Erzieher-
verhalten.

FAF   (Fragebogen zur Erfassung von Aggressivitätsfaktoren)
Anwendungsbereich: Personen ab 15 Jahren
Anwendungsmöglichkeit: Der FAF ermöglicht Aussagen zu folgenden
Aggressionsbereichen: Spontane Aggressivität, Reaktive Aggressivität,
Erregbarkeit (Wut, Ärger), Selbstaggression und Aggressionshem-
mungen.

FAT 4–6   (Frankfurter Analogiegebiet 4–6)
Anwendungsbereich: 4. bis 6. Klassen aller Schularten
Anwendungsmöglichkeit: Der FAT 4–6 erfaßt als bedeutende Kompo-
nente der allgemeinen Intelligenz die Fähigkeit, Gesetzmäßigkeiten zu
erkennen und anzuwenden. Der Test eignet sich zur Schullaufbahnbera-
tung und zur Unterstützung und Diagnose bei leichteren Fällen von
Schulschwierigkeiten.

FBIT   (French-Bilder-Intelligenz-Test)
Anwendungsbereich: Kinder im Alter von 4 bis 9 Jahren
Anwendungsmöglichkeit: Der FBIT ermöglicht eine genaue Abschätzung der intellektuellen Leistungsfähigkeit, eine Überprüfung der Sonderschulbedürftigkeit, und er gibt Hinweise zur Förderung von Kindern
im Vorschulalter.

FBS   (Fragebogentest zur Beurteilung von Suizidgefahr)
Anwendungsmöglichkeit: Der FBS gestattet die frühzeitige Erfassung
von zu Suizid neigenden Menschen, z. B. in Schulen und Betrieben.

FBT   (Familien-Beziehungs-Test)
Anwendungsbereich: Kinder
Anwendungsmöglichkeit: Das Kind sollte die mehrdeutigen Bilder
gemäß seiner eigenen Familiensituation beschreiben und seine eigene
Anschauung der Familienbeziehung darstellen, also die Situation aus
seiner Erfahrung deuten.

FDA 3–6   (Frankfurter Denkaufgaben für 3.–6. Klassen)
Anwendungsbereich: 7,5–11,5 Jahre, keine Sonderschüler
Anwendungsmöglichkeit: Der FDA 3–6 ist ein Gruppenintelligenztest
zur Erfassung des anschaulichen Denkens als einen Aspekt der Intelli-
genz. Er prüft die Fähigkeit, Gesetzmäßigkeiten im Aufbau figuraler
Elemente zu erkennen.

F-D-E   (Fragebogen zur direktiven Einstellung)
Anwendungsbereich: Personen ab 14 Jahren

Anwendungsmöglichkeit: Der Test ist ein Instrument zur Erfassung der Einstellungen zu sozialen Interaktionen. Die beiden Skalen „Direktive Einstellungen" und „Extraversion" charakterisieren dabei zwei Merkmale des Interaktionsstils, die z. B. bei Erziehungs- und anderen Gruppenaufgaben bedeutsam sind.

FES (Fragebogen: Einstellung zur Schule für 4.–6. Klasse
Anwendungsbereich: 4.–6. Klassen)
Anwendungsmöglichkeit: Der Test erfaßt Schülereinstellungen auf den schulrelevanten Dimensionen, z. B. Einstellung zur Verhaltensweise des Lehrers, Bereitschaft, sich in der Schule anzustrengen.

FEW (Frostigs Entwicklungstest bei der visuellen Wahrnehmung)
Anwendungsbereich: Kinder im Alter von 4–9 Jahren
Anwendungsmöglichkeit: Der FEW kann die Grundfunktionen der Wahrnehmung überprüfen und zur Frühdiagnose von Lernschwierigkeiten eingesetzt werden, die mit einer Störung von Wahrnehmungsfunktionen zusammenhängen.

F-H-T (Foto-Hand-Test)
Anwendungsbereich: Personen ab 9 Jahren
Anwendungsmöglichkeit: Der Test dient zur Erfassung der Aggressivität in offenem Verhalten.

FKL (Fragebogen zur Kausalattribuierung in Leistungssituationen)
Anwendungsbereich: Jugendliche zwischen 13 und 15 Jahren
Anwendungsmöglichkeit: Der FKL untersucht, auf welche möglichen Ursachen (Anstrengung, Begabung, Schwierigkeit, Zufall) Erfolg und Mißerfolge in schulischen und außerschulischen Situationen zurückgeführt werden.

F-L-T (Form-Lege-Test)
Anwendungsbereich: Jugendliche von 13 bis 18 Jahren
Anwendungsmöglichkeit: Der F-L-T ist ein praktischer Intelligenztest

FPI (Freiburger Persönlichkeits-Inventar)
Anwendungsbereich: Personen ab 15 Jahren
Anwendungsmöglichkeit: Mit dem FPI können mehrere allgemeine Persönlichkeitsdimensionen erfaßt werden (Nervosität, spontane Aggressivität, Depressivität, Erregbarkeit, Geselligkeit, Gelassenheit, reaktive Aggressivität/Dominanzstreben, Gehemmtheit sowie Extraversion, emotionale Labilität und Maskulinität)

FPSS (Fragebogen zur Erfassung praktischer und sozialer Selbständigkeit 4–6jähriger Kinder)
Anwendungsbereich: 4–6jährige Kinder

Anwendungsmöglichkeit: Der FPSS ist als Hilfsmittel für den Erzieher zur Erfassung der praktischen und sozialen Selbständigkeit 4–6jähriger Kinder mittels Elternbefragung und eigener Beobachtung gedacht und kann als Grundlage für Gespräche mit Eltern dienen. Aufgrund der Befragung- und Beobachtungsergebnisse lassen sich Anhaltspunkte für die gezielte Förderung einzelner Kinder oder auch der Kindergruppen gewinnen.

F-R-T   (Figure-Reasoning-Test)
Anwendungsbereich: Personen ab 11 Jahren
Anwendungsmöglichkeit: Der F-R-T ist ein sprachfreier Intelligenztest.

FS5-10/11-13 (Fragebogen für Schüler der 5.–10. und 11.–13. Klassen
Anwendungsbereich: Schüler der 5.–10. und 11.–13. Klassen
Anwendungsmöglichkeit: Der FS dient der Erfassung von Schulangst. Die Auswertung läßt erkennen, in welchem Ausmaß der Schüler auf Situationen des Schullebens, in denen seine Leistungen überprüft werden, mit Angst reagiert. Damit ist es möglich, die Beeinflussung von Leistungen durch Angst vorherzusagen.

FSK-K   (Fragebogen zur Erfassung von Selbst- und Kompetenzeinschätzung bei Kindern)
Anwendungsbereich: 10.–15. Lebensjahr
Anwendungsmöglichkeit: Der FSK–K ist ein Fragebogen zur Diagnostik personaler Kontrolle. Er erfaßt die Einschätzungen in den Bereichen „schulischer Kompetenz", „soziale Akzeptanz", „sportliche Kompetenz", „Attraktivität", „Selbstsicherheit im Verhalten" und „Selbstwert".

FSKN   (Frankfurter Selbstkonzeptskalen)
Anwendungsbereich: Personen ab 13 Jahren
Anwendungsmöglichkeit: Mittels der 10 Skalen zur Selbstkonzeption können Einstellungen zur eigenen Person, individuelle Schwierigkeiten und psychische Störungen diagnostiziert und Indikationen wie Erfolg einer Psychotherapie besser bestimmt werden.

FSL   (Fragebogen zur schulischen Leistungsmotivation für 5.–7. Klassen)
Anwendungsbereich: 5.–7. Klassen
Anwendungsmöglichkeit: Der FSL ist ein Persönlichkeits-Struktur-Test, der das leistungsorientierte Bestreben von Schülern erfaßt.

FST   (Frankfurter Schulreifetest)
Anwendungsbereich: Schulanfänger
Anwendungsmöglichkeit: Der FST dient sowohl der Möglichkeit, noch vor Schulbeginn die noch nicht schulreifen Kinder zu erkennen, als auch

94

Anhaltspunkte für eine individuelle Behandlung für eingeschulte Kinder zu bekommen. Das Beiheft hilft außerdem bei der Beurteilung der sozialen Reife der Kinder.

FTF–K   (Frankfurter Tests für Fünfjährige-Konzentration)
Anwendungsbereich: 5.–6. Lebensjahr
Anwendungsmöglichkeit: Der Test erfaßt die Konzentrationsleistung von Fünfjährigen unter kurzfristiger Belastung. Er kann in Vorschule, Kindergarten und Erziehungsberatung durchgeführt werden.

FTM   (Frostigs Test der motorischen Entwicklung)
Anwendungsbereich: 6.–10. Lebensjahr
Anwendungsmöglichkeit: Der FTM ist ein Verfahren zur Erfassung der senso-motorischen Entwicklung als Grundlage der intellektuellen und perzeptorischen Entwicklung von Kindern im Vor- und Grundschulalter.

GES   (Griffiths Entwicklungsskalen zur Beurteilung der Entwicklung in den ersten beiden Lebensjahren)
Anwendungsbereich: 1. Lebensmonat – 2. Lebensjahr, auch entwicklungsrückständige Kinder
Anwendungsmöglichkeit: Die GES dient der Feststellung des Entwicklungsstandes zur Frühdiagnose von Entwicklungsverzögerungen und Entwicklungsabweichungen.

GFT   (Göttinger Formreproduktions-Test)
Anwendungsbereich: für Kinder/Jugendliche von 6,0 bis 15,11 Jahren
Anwendungsmöglichkeit: Der GFT ist speziell für die Diagnostik des Hirnschadens konstruiert mit den Diagnosegruppen „kein Hirnschaden“, „Hirnschaden-Verdacht“, „Hirnschaden“. Der GFT kann dazu beitragen, die Differentialdiagnostik von Verhaltensstörungen zu erleichtern, indem das Problem der Hirnschädigung aufgedeckt wird.

GMT   (Graphomotorische Testbatterie)
Anwendungsbereich: 4,6–7 Jahre
Anwendungsmöglichkeit: Die GMT gestattet Aussagen über den Entwicklungsstand der Graphomotorik als einer wichtigen Voraussetzung für das Erlernen des Schreibens und ermöglicht damit auch eine Diagnose der Schulreife.

GT   (Der Giessen-Test)
Anwendungsbereich: Erwachsene
Anwendungsmöglichkeit: Der Giessen-Test ist ein für Einzel- und Gruppendiagnostik geeigneter Fragebogen, der zur Selbst- und Fremdeinschätzung eingerichtet ist.

HANES   (Hamburger Neurotizismus- und Extraversionsskala für Kinder und Jugendliche)
Anwendungsbereich: für Kinder/Jugendliche von 8–17 Jahren
Anwendungsmöglichkeit: Der Test „HANES" stellt einen Fragebogen zur Erfassung der Persönlichkeitsdimensionen Neurotizismus und Extraversion bei Kindern und Jugendlichen dar.

HAVEL   (Hamburger Verhaltensbeurteilungsliste)
Anwendungsbereich: Mütter/Bezugspersonen von Kindern im Alter von 7–14 Jahren
Anwendungsmöglichkeit: Die HAVEL ist ein standardisiertes Verfahren zur Erfassung eines breiten Spektrums diagnostisch relevanter Verhaltensweisen (Verhaltensauffälligkeiten). Befragt wird der Elternteil, der mit dem Kind die längste Zeit am Tage verbringt.

HAWIK   (Hamburg-Wechsler-Intelligentest für Kinder)
Anwendungsbereich: Kinder/Jugendliche von 6–15 Jahren
Anwendungsmöglichkeit: Der HAWIK ist konzipiert als Instrument zur Erfassung der allgemeinen intellektuellen Leistungsfähigkeit.

HAWIE   (Hamburg-Wechsler-Intelligenztest für Erwachsene)
Anwendungsbereich: für Personen von 10–59 Jahren
Anwendungsmöglichkeit: Der HAWIE ist konzpiert als Instrument zur Erfassung der allgemeinen intellektuellen Leistungsfähigkeit.

HAWIVA   (Hannover-Wechsler-Intelligenztest für das Vorschulalter)
Anwendungsbereich: 4,0 – 6,6 Jahre
Anwendungsmöglichkeit: Der HAWIVA ist ein vorschulischer Intelligenztest und dient auch der Erfassung behinderter Kinder zum Zwecke der Früherfassung und Frühförderung.

HDT   (Hand-Dominanz-Test)
Anwendungsbereich: 6 – 10,5 Jahre
Anwendungsmöglichkeit: Der HDT gibt Auskunft über den Ausprägungsgrad der Links- und Rechtshändigkeit.

HHBT   (Heidelberger Hörprüf-Bild-Test für Schulanfänger)
Anwendungsbereich: 5. – 6. Lebensjahr
Anwendungsmöglichkeit: Der Test dient der Erfassung von schwerhörigen Schulanfängern.

HIT 1-2/3-4   (Heidelberger Intelligenztest)
Anwendungsbereich: Kinder von 6 – 10 Jahren
Anwendungsmöglichkeit: Neben der sprachlichen Instruktion für Kinder mit durchschnittlichem Sprachvermögen wurden eine sprachredu-

zierte Testinstruktion für schwerhörige und sprachlich retardierte sowie eine nonverbale für gehörlose Kinder entwickelt.

HKI (Heidelberger Kompetenz-Inventar für geistig Behinderte)
Anwendungsbereich: 7 – 16 Jahre
Anwendungsmöglichkeit: Untertests zu den drei Bereichen praktische, kognitive und soziale Kompetenz sollen die für die Integration Behinderter bedeutsamen und erzieherisch beeinflußbaren Verhaltensmuster erfassen.

HNT (Heidelberger Nonverbaler Test)
Anwendungsbereich: ab 14 Jahre
Anwendungsmöglichkeit: Der sprachfreie Intelligenztest ermöglicht den Einsatz bei Menschen unterschiedlicher sprachlicher Kompetenz. Die Lösungen zu den Untertests (Logik, Reproduktion, Differenzierung und Kreativität) sollen graphisch dargestellt werden.

HSET (Heidelberger Sprechentwicklungstest)
Anwendungsbereich: für Kinder von 3 – 9 Jahren
Anwendungsmöglichkeit: Der HSET ist eine Testbatterie zur Ermittlung des Entwicklungsstandes sprachlicher Fähigkeiten.

HSPQ (High School Personality Questionnaire)
Anwendungsbereich: Jugendliche von 12 – 18 Jahren
Anwendungsmöglichkeit: Der HSPQ ist ein mehrdimensionaler Test der Persönlichkeitsstruktur und ihrer Störungen für Zwolf- bis Achtzehnjährige.

HT (Hamstertest)
Anwendungsbereich: 5. – 6. Lebensjahr
Anwendungsmöglichkeit: Der Test erfaßt Störungen der emotionalen Stabilität von Kindern im Vorschul- und frühen Schulalter. Der illustrierte projektive Fragebogen erfragt, während eine Bildergeschichte vorgelesen wird, die Themenbereiche Ängste, kindliche Gewohnheiten, Interessen, Gesundheit, Verhalten bei Frustration und Aggression sowie Beziehungen zu anderen Kindern und Erwachsenen.

ISF (Informeller Schülerfragebogen)
Anwendungsbereich: als Interviewleitfaden ab 6 Jahren, bei Verwendung als Fragebogen ab 9 Jahren.
Anwendungsmöglichkeit: Der Fragebogen läßt eine systematische Erfassung von möglichen Schwierigkeiten aus der Sicht des Kindes in allen Bereichen, die eine Rolle bei der Genese von Verhaltensauffälligkeiten spielen können, zu.

IST   (Intelligenz-Struktur-Test)
Anwendungsbereich: Personen im Alter von 13 – 60 Jahren
Anwendungsmöglichkeit: Der IST stellt eine exakte Methode zur Messung der Intelligenz im Zusammenhang mit Berufs- und Eignungsfragen dar. Er gibt Auskunft über das Niveau und die Struktur der Intelligenz.

ITK   (Intelligenztest für 6–14jährige körperbehinderte und nichtbehinderte Kinder)
Anwendungsbereich: 6 – 14jährige Kinder
Anwendungsmöglichkeit: Der ITK ist ein Individualtest zur Erfassung der allgemeinen intellektuellen Leistungsfähigkeit. Schreibfähigkeiten werden nicht, Lesefähigkeiten nur in einem Subtest verlangt.

KASSL   (Kieler-Änderungssensitive Symptomliste)
Anwendungsbereich: Psychotherapiepatienten ab 16 Jahren
Anwendungsmöglichkeit: Die Anwendung der KASSL bezieht sich auf die Zuweisungsdiagnostik (Indikationsentscheidungen) und die Veränderungsdiagnostik (Wirksamkeitskontrolle, katamnesische Erhebungen) im Rahmen therapiebegleitender Untersuchungen.

KAT   (Der Kinder-Angst-Test)
Anwendungsbereich: für Kinder und Jugendliche im Alter von 9 – 16 Jahren
Anwendungsmöglichkeit: Der KAT dient der Erfassung des Ängstlichkeitsgrades bei Kindern und Jugendlichen der o. g. Altersgruppe.

KAUD-S   (Kontrollprogramm zum auditiven Differenzierungsvermögen im sprachlichen Bereich für Vorschulkinder)
Anwendungsbereich: 4. – 5. Lebensjahr
Anwendungsmöglichkeit: Anhand der Bereiche Grob-(Wörter) und Feindifferenzierung (Laute) sollen die sprachanalytischen Fähigkeiten der Kinder erfaßt werden.

KFT 1-3   (Kognitiver Fähigkeitstest 1-3)
Anwendungsbereich: 6. – 12. Lebensjahr, 1.–3. Grundschulklasse
Anwendungsmöglichkeit: Der KFT 1-3 erfaßt schulisch bedeutsame intellektuelle Lern- und Leistungsvoraussetzungen und bestimmt das intellektuelle Grundniveau der Schüler.

KFT-K   (Kognitiver Fähigkeits-Test Kindergartenform)
Anwendungsbereich: 5 – 6jährige Kinder
Anwendungsmöglichkeit: Der Intelligenztest KFT-K dient der Ermittlung kognitiver Lernfähigkeiten. Mit seinen Untertests zu „Sprachverständnis", „Beziehungserkennen", „schlußfolgerndes Denken" und „rechnerisches Denken" erfaßt er schulisch relevante Lern- und Lei-

98

stungsvoraussetzungen. Der KFT-K ist einsetzbar in den Bereichen Schuleingangs- und Förderungsdiagnostik.

KLT (Konzentrations-Leistungs-Test)
Anwendungsbereich: Kinder ab 11 Jahren
Anwendungsmöglichkeit: Der KLT dient der Erfassung der allgemeinen Leistungsfähigkeit (Konzentration und Ausdauer), unabhängig von der intellektuellen Begabung.

KFT 4-13 (Kognitiver Fähigkeitstest für 4.−13. Klassen)
Anwendungsbereich: 4.−13. Klassen aller Schultypen
Anwendungsmöglichkeit: Dieser Test dient der differentiellen Bestimmung kognitiver Fähigkeitsdimensionen, die insbesondere für schulisches Lernen relevant sind. Dabei werden Sprachverständnis, sprachgebundenes Denken, arithmetisches Denken, Rechenfähigkeiten, anschauungsgebundenes Denken und konstruktive Fähigkeiten erfaßt. Schließlich läßt sich das intellektuelle Gesamtleistungsniveau der Schüler bestimmen.

KRAMER (Der Kramer-Test)
Anwendungsbereich: Kinder im Alter von 3−15 Jahren
Anwendungsmöglichkeit: Der Test dient der Messung des intellektuellen Reifegrades von Klein- und Schulkindern, aber auch derjenigen, die durch Schulschwierigkeiten und geringe intellektuelle Leistungsfähigkeit auffallen. Innerhalb des Tests stellen die Aufgaben der Altersstufe 6 und 7 einen Schulreifetest dar; wird der Test vollständig durchgeführt, dient er der Feststellung des Intelligenzquotienten und erlaubt es außerdem, die Arbeitsweise des Kindes zu beurteilen.

KST (Kettwiger Schulreifetest)
Anwendungsbereich: Kinder im Alter von 5,9−7,2 Jahren
Anwendungsmöglichkeit: Der KST dient der Feststellung der Schulreife und stellt auch ein Zusatzverfahren bei der Feststellung der Sonderschulbedürftigkeit dar.

KT 1 (Konzentrationstest für 1. Klassen)
Anwendungsbereich: Beginn bis Ende des 1. Schuljahres
Anwendungsmöglichkeit: Der KT 1 gibt eine Schätzung der kurzzeitigen Konzentrationsfähigkeit und hilft schnell und zuverlässig jene Schüler herauszufinden, die einer besonderen konzentrativen Förderung bedürfen.

KTK (Körper-Koordinationstest für Kinder)
Anwendungsbereich: Kinder im Alter von 5−13 Jahren

Anwendungsmöglichkeit: Der KTK dient der Messung des Entwicklungsstandes des Gesamtkörperbeherrschung und -kontrolle von normalen und behinderten Kindern.

KVT (Konzentrations-Verlaufs-Test)
Anwendungsbereich: Personen von 14−60 Jahren
Anwendungsmöglichkeit: Der KVT ermittelt die Konzentrationsleistung des Getesteten und den Arbeitsverlauf.

Labyrinth-Test
Anwendungsbereich: vor allem Berufsberatung
Anwendungsmöglichkeit: Der Labyrinth-Test ist ein Verfahren zur Beurteilung der sprachfreien Intelligenz, das günstige Möglichkeiten zu systematischer Verhaltensbeobachtung bietet.

L-G-T 3 (Lern- und Gedächtnistest)
Anwendungsbereich: für Jugendliche ab ca. 14 Jahre
Anwendungsmöglichkeit: Der L-G-T 3 hat die Erfassung der Merkfähigkeit zum Ziel und ermöglicht die Feststellung eines allgemeinen Gedächtnisquotienten.

LM-Gitter (Leistungsmotivations-Gitter)
Anwendungsmöglichkeit: Der Test dient der Messung des Leistungsmotivs.

LOS KF 18 (Lincoln-Oseretzky-Skala Kurzform)
Anwendungsbereich: Kinder im Alter von 5−13 Jahren
Anwendungsmöglichkeit: Die motorische Stufenleiter zur Untersuchung der motorischen Begabung von Kindern und Jugendlichen stellt ein Verfahren zur quantitativen Ermittlung des motorischen Entwicklungsalters von geistig behinderten, lernbehinderten und normalentwickelten Kindern im Alter von 5−13 Jahren dar.

L-P-S (Leistungs-Prüf-System)
Anwendungsbereich: für Personen von 9−50 Jahren (und älter)
Anwendungsmöglichkeit: Dieser Test umfaßt die wichtigsten Primärfähigkeit oder Leistungsdimensionen im Bereich der Intelligenz.

LSB (Lehrerfragebogen zur Schülerbeobachtung)
Anwendungsbereich: Schüler der Klassen 1−10
Anwendungsmöglichkeit: Der LSB liefert Informationen für gezielte Lehrer-, Eltern- und Schülerberatung; mit ihm werden kognitive, aber vor allem auch wesentliche nicht-kognitive Faktoren erfaßt wie körperlicher Entwicklungsstand, Schullaufbahn, Schulleistungen, Lern- und Arbeitsverhalten, Interessen und Fähigkeiten, Persönlichkeitsmerkmale, soziales Verhalten und familiäre Situation.

LSV   (Landauer Sprachentwicklungstest für Schulkinder)
Anwendungsbereich: Kinder im Alter von 4−6 Jahren
Anwendungsmöglichkeit: Der LSV mißt folgende Bereiche: Wortschatz, Artikulation, Formen- und Satzbildungsfähigkeiten, Kommunikationsfähigkeit.

MALT   (Münchener Alkoholismus-Test)
Anwendungsbereich: gesunde und alkoholgefährdete Erwachsene, Alkoholiker
Anwendungsmöglichkeit: Der MALT ist ein Verfahren zur Diagnose Alkoholgefährdeter und Alkoholiker und kann als „Suchttest" verwendet werden.

M-B-I   (Mannheimer Biographisches Inventar)
Anwendungsbereich: Kinder/Jugendliche im Alter von 11−18 Jahren
Anwendungsmöglichkeit: Der Fragebogen erfaßt vor allem die Umweltsituation von Schülern und Schülerinnen aller Schultypen mittels elf Untertests: Aspekte der Familiensituation, Lebensgewohnheiten und Interessen, soziale Aktivitäten und Kontaktverhalten, schulische Situation, Arbeitsverhalten, Kreativität, Durchsetzungsvermögen, Leistungsmotivation, Verhalten bei Streß, Frustration und Ängstlichkeit, allgemeine Einstellung und Einschätzung sowie Gesundheit und körperliches Empfinden.

MIT   (Mannheimer Intelligenztest)
Anwendungsbereich: Personen von 12−35 Jahren
Anwendungsmöglichkeit: Der MIT ist ein Verfahren zur Bestimmung des allgemeinen intellektuellen Niveaus.

MMQ   (Maudsley-Persönlichkeitsfragebogen)
Anwendungsbereich: Personen ab 16 Jahren
Anwendungsmöglichkeit: Dieser Fragebogen mißt neurotische Tendenzen.

MOT 4−6   (Motoriktest für 4–6jährige Kinder)
Anwendungsbereich: 4.−6. Lebensjahr, bei Behinderten bis 7.−8. Lebensjahr
Anwendungsmöglichkeit: Anknüpfend an alltägliche Bewegungserfahrungen (Springen, Balancieren etc.) mißt der Test die motorische Leistung, erfaßt den Stand der motorischen Entwicklung und bietet Hinweise zu konkreten Fördermaßnahmen

MPT-J   (Mehrdimensionaler Persönlichkeitstest für Jugendliche)
Anwendungsbereich: Jugendliche von 14–18 Jahren
Anwendungsmöglichkeit: Der MPT-J dient als objektiver Persönlich-

keitstest für Jugendliche in Schule und beruflicher Ausbildung und enthält folgende Skalen: Ich-Schwäche, Soziale Erwünschtheit, Antriebsspannung, Leistungsmotiviertheit, Soziale Zurückhaltung, Aggressivität und Kontroll-Skala.

MSD (Mannheimer Schuleignungsdiagnostikum)
Anwendungsbereich: Kinder im Alter von 6 Jahren
Anwendungsmöglichkeit: Das MSD ist ein Verfahren zur Bestimmung von Stärken und Schwächen der Bereiche Motorik, Konzentration, Intelligenz, Gliederungsfähigkeit und Gedächtnis, Bereichen also, die für ein erfolgreiches Bestehen des ersten Schuljahres notwendig sind.

MT 80 (Tübinger Mentale Trainingsprogramme zur Grob- und Feinmotorik)
Anwendungsbereich: Personen im Alter von 20–60 Jahren
Anwendungsmöglichkeit: Bei den Tübinger Mentalen Trainingsprogrammen handelt es sich um wissenschaftlich überprüfte Methoden zur Behandlung zentralmotorischer Paresen unterschiedlicher Ätiologie.

MVL (Marburger Verhaltensliste)
Anwendungsbereich: für Eltern von 6–12jährigen Kindern
Anwendungsmöglichkeit: Dieser Elternfragebogen dient der qualitativen und quantitativen Erfassung des Problemverhaltens von Kindern o.g. Alters. Die Skalen reichen von „emotionale Labilität", „Kontaktangst", „unrealistisches Selbstkonzept" über „unangepaßtes Sozialverhalten" bis „instabiles Leistungsverhalten".

PAC (Pädagogische Analyse und Curriculum der sozialen und persönlichen Entwicklung)
Anwendungsbereich: geistig behinderte Kinder und Erwachsene
Anwendungsmöglichkeit: Die PAC ist in erster Linie als Instrument zur systematischen Beobachtung und objektiven Berichterstattung über das Sozialverhalten geistig behinderter Kinder und Erwachsener entwickelt worden.

PET (Psycholinguistischer Entwicklungstest)
Anwendungsbereich: Kinder im Alter von 3–10 Jahren
Anwendungsmöglichkeit: Dieser Individualtest dient der Ermittlung spezifischer Fertigkeiten und Störungen normaler und lernbehinderter Kinder und kann als Ausgangspunkt für die Gestaltung eines Trainings- und Unterrichtsprogramms verwendet werden.

PFK 9-14 (Persönlichkeitsfragebogen für Kinder zwischen 9 und 14 Jahren)
Anwendungsbereich: Der PFK 9-14 prüft Diemensionen des Verhaltens (emotionale Erregbarkeit, fehlende Willenskontrolle, aktivextravertiertes Temperament, Zurückhaltung und Scheu vor Sozialkontakt),

Bedürfnisse und Einstellungen (aggressives Bedürfnis nach Ich-Durchsetzung, Bedürfnis nach Eigenständigkeit und Selbstgenügsamkeit, schulischer Ehrgeiz, Bereitschaft zu sozialem Engagement, Neigung zu Erwachsenen-Abhängigkeit, Maskulinität der Einstellungen), Dimensionen des Selbstbilds (Selbsterleben von allgemeiner/existentieller Angst, Selbstüberzeugung hinsichtlich eigener Meinungen, Entscheidungen und Planungen, Selbsterleben von Impulsivität und Unbekümmertheit, Tendenz zu Selbstaufwertung, Selbstüberschätzung und Selbstbeschönigung, Selbsterleben von Unterlegenheit anderen gegenüber).

PFT   (Picture Frustration Test)
Anwendungsbereich: Kinder im Alter von 6–14 Jahren
Anwendungsmöglichkeit: Der Rosenzweig PFT erfaßt die Aggressionen – nach innen oder außen – bzw. deren Unterdrückung oder Umformung und die Verarbeitung der Vereitelung.

PIT   (Persönlichkeits- und Interessentest)
Anwendungsbereich: für Personen ab 15 Jahren
Anwendungsmöglichkeit: Der PIT liefert ein Persönlichkeitsprofil, das die psychodiagnostisch bedeutsamen Dimensionen erfaßt, außerdem liefert er ein Profil der Interessen.

PSB   (Prüf-System für Schul- und Bildungsberatung)
Anwendungsbereich: Personen im Alter von 9–20 Jahren
Anwendungsmöglichkeit: Dieser Test ermöglicht eine schnelle und genaue Erfassung der individuellen Begabungsstruktur.

PSS 25   (Persönlichkeits-Skalen-System 25)
Anwendungsbereich: Personen ab 18 Jahren
Anwendungsmöglichkeit: Das PSS 25 diagnostiziert spezifische Bedürfnisse, Ängste, Einstellungen und allgemeine Persönlichkeitsmerkmale und deckt individuelle Konflikt-Muster auf.

Problemfragebogen für Jugendliche
Anwendungsbereich: Jugendliche von 14–16 Jahren
Anwendungsmöglichkeit: Dieser Fragebogen gibt in quantitativer und qualitativer Hinsicht Aufschluß über die Sorgen, Nöte und Probleme von Jugendlichen in 8 relevanten Lebensbereichen.

RAVEN   (1. SPM: Standard Progressive Matrices, 2. CPM: Coloured Progressive Matrices)
Anwendungsbereich: SPM: Personen von 8–65 Jahren
CPM: Kinder von 5–11,6 Jahren und Personen von 65–85 Jahren
Anwendungsmöglichkeit: Die SPM stellen einen non-verbalen Fähig-

keitstest dar und dienen der Feststellung des allgemeinen Intelligenzniveaus, sie untersuchen die Fähigkeit zum klaren Denken und die Beobachtungsgabe.

Die CPM sind ein Meßinstrument für Kinder des o.g. Alters, für geistig behinderte Menschen und alte Leute. Mit Hilfe dieses Tests sollen die geistige Entwicklungsstufe, die intellektuelle Reife und die Abbauprozesse im Alter erfaßt werden.

RTS (Reutlinger Test für Schulanfänger)
Anwendungsmöglichkeit: Der RTS dient dazu, schon vor Schuleintritt Aufschluß über die Schulreife zu geben.

SAT (Schulangst-Test)
Anwendungsbereich: Schüler
Anwendungsmöglichkeit: Der SAT ist ein psychodiagnostisches Verfahren zur qualitativen Erfassung schulischer Ängste. Er gibt Aufschluß über Schulversagens-, Leistungs- und Prüfungsängste.

SBL I, II (Schulleistungstestbatterie für Lernbehinderte, Leistungsstufe I und II)
Anwendungsbereich: I: Ende der ersten Grundschulklasse bzw. Ende der ersten zwei Sonderschulklassen
II: Ende der zweiten Grundschulklasse bzw. Ende der dritten und vierten Sonderschulklasse
Anwendungsmöglichkeit: Die Testbatterie erfaßt die Leistungen im Rechnen, Rechtschreiben und Lesen und ist speziell auf das Leistungsniveau von lernbehinderten und leistungsschwachen Grundschülern zugeschnitten. Die Testbatterie kann zur Feststellung der Sonderschulbedürftigkeit von schulleistungsschwachen Grundschülern und zur Ermittlung des Leistungsstandes von Sonderschülern am Ende des Schuljahres herangezogen werden.

Schulfähigkeitstest Form C
Anwendungsbereich: ab 5 Jahre
Anwendungsmöglichkeit: Der Schulreifetest hilft unreife Schulpflichtige wie auch schulreife Vorschulpflichtige mit großer Sicherheit zu erkennen.

S-I-T (Stanford-Binet-Intelligenz-Test)
Anwendungsbereich: ab 3 Jahren
Anwendungsmöglichkeit: Der S-I-T gestattet einen Einblick in die Intelligenzartung und ist damit ein wertvolles Hilfsmittel im Dienste der Schullaufbahn- und Erziehungsberatung.

S.O.N. (Nicht-Verbale-Intelligenztestreihe)
Anwendungsbereich: Kinder und Jugendliche von 2,6 bis 17 Jahren

Anwendungsmöglichkeit: Dieses Verfahren eignet sich besonders für Intelligenzuntersuchungen an Hör- und Sprechbehinderten.

SPI (Strukturiertes Psychologisches Interview)
Anwendungsmöglichkeit: Das SPI ist ein Verfahren zur Ermittlung und Feststellung von psychopathologischen Erkrankungen und ist gleichzeitig ein Gesprächsprotokoll sowie ein Inventar von Verhaltens-Items in zehn Verhaltensbereichen.

ST 3-7 (Soziometrischer Test für dritte bis siebente Klassen)
Anwendungsbereich: 3.–7. Klassen
Anwendungsmöglichkeit: Der Soziometrische Test versucht, soziale Beziehungen in Schulklassen zu erfassen und ermöglicht, Fragen nach sozialer Isolierung, Zurückweisung und Führung präzise zu beantworten und entsprechende Maßnahmen gezielt einzusetzen.

TBGB-VA (Testbatterie für geistig behinderte Kinder im Vorschulalter)
Anwendungsbereich: 5–7jährige geistig behinderte Kinder
Anwendungsmöglichkeit: Die Testbatterie erlaubt Aussagen über Stärken und Schwächen in den Bereichen Intelligenz, Wortschatz und Motorik. Sie ermöglicht die Ableitung konkreter Förderungsmaßnahmen wie auch eine detailierte Dokumentation individueller Entwicklungsverläufe.

TEKO (Testbatterie zur Erfassung kognitiver Operationen)
Anwendungsbereich: Kinder im Alter von 5–8 Jahren
Anwendungsmöglichkeit: Die TEKO-Tests basieren auf den entwicklungs-psychologischen Arbeiten Jean Piagets und prüfen vorwiegend das logische bzw. logisch-mathematische Denken.

TES (Testbatterie für geistig behinderte Kinder)
Anwendungsbereich: Kinder im Alter von 7–12 Jahren
Anwendungsmöglichkeit: Diese Testbatterie ist eine Kombination von Intelligenz- und Leistungstests für geistig behinderte und lernbehinderte Kinder. Sie findet Anwendung bei Fragen der Schulfähigkeit in Grenzfällen, bei Fragen der Einordnung und Behandlung von Behinderten und anderen heilpädagogischen und kinderpsychologischen Fragestellungen.

VEV (Veränderungsfragebogen des Erlebens und Verhaltens)
Anwendungsbereich: Jugendliche und Erwachsene
Anwendungsmöglichkeit: Der VEV erfaßt einen bipolaren Veränderungsfaktor des Erlebens und Verhaltens mit den Polen „Entspannung, Gelassenheit und Optimismus" sowie „Spannung, Unsicherheit und Pessimismus". Dies ermöglicht eine Kontrolle der Wirksamkeit psycho-

logisch-therapeutischer Inventionen, insbesondere der Gesprächspsychotherapie.

VKI (Verbaler Kurzintelligenztest)
Anwendungsbereich: Jugendliche und Erwachsene
Anwendungsmöglichkeit: Der Test erlaubt in kurzer Zeit eine grobe Abschätzung der verbalen Intelligenz.

VSRT (Visumotorischer Schulreifetest)
Anwendungsbereich: Einschulungsalter
Anwendungsmöglichkeit: Der VSRT beschränkt sich aus ökonomischen Gründen auf einen wesentlichen Aspekt der kognitiven Schulreife, der Visumotorik. Das Kind erhält die Anweisung, einen Menschen in ein vorgedrucktes Rechteck zu zeichnen und dann eine begonnene Randverzierung fortzusetzen.

WTA (Weilburger Testaufgaben für Schulanfänger)
Anwendungsbereich: Schulanfänger
Anwendungsmöglichkeit: Die Weilburger Testaufgaben gestatten einen Überblick über den Entwicklungsstand einer größeren Anzahl von Kindern.

(Anmerkung: Aufgrund des Schutzes vor einer unkontrollierten Verbreitung von Testverfahren und zur Wahrung ihrer Objektivität werden diese und andere Testverfahren nur unter bestimmten Bedingungen von folgenden Verlagen vertrieben:
a) Testzentrale des Berufsverbandes Deutscher Psychologen, Dr. C.J. Hogrefe. Robert-Bosch-Breite 25, 3400 Göttingen
b) Verlag für Psychologie, Dr. C.J. Hogrefe. Rohnsweg 25, 3400 Göttingen
c) Verlag Beltz, Zentralauslieferung für Tests, Postfach 10 01 61, 6940 Weinheim
d) Georg Westermann Verlag, Postfach 33 20, 3300 Braunschweig
e) Verlag Hans Huber, Postfach, CH-3000 Bern 9, Schweiz

3.2 Das Gespräch

Bei einem Gespräch hat der Beobachter die Aufgabe, durch gezielte Fragen Antworten des Kindes/des Jugendlichen zu bekommen, die er für eine umfassende Beurteilung benötigt. Das Gespräch dient als Mittel, Verhaltenseinstellungen oder Meinungen zu gewinnen, wobei die Ergebnisse dazu beitragen, eine Gesamtpersönlichkeit besser zu beschreiben. In jedem Falle sollte aber das Gespräch durch Beobachtungen ergänzt werden, da gerade bei dieser Datenbeschaffungstechnik der Wahrheitsgehalt von Antworten beeinträchtigt oder verfälscht sein kann. Während des Gesprächs sollte darauf geachtet werden, daß die Kinder/Jugendlichen die Fragen auch verstehen, also dem Sprachverständnis des Gesprächspartners angepaßt sind.

Neben unterschiedlichen Inhaltsfragen (Meinungs-, Motiv-, Wissensfragen) kann der einzelne entweder in einer Einzelsituation oder in einer Gruppe gefragt werden; sollte der Sachverhalt die gesamte Gruppe angehen, so würde sich ein Gruppengespräch anbieten.

Im folgenden nun sollen die Probleme für den Beobachter aufgezeigt und analysiert werden, die sich bei einem freien (im Gegensatz zu einem geschlossenen Gespräch, bei dem die verschiedenen Antwortmöglichkeiten schon vorgegeben werden) Gespräch ergeben. Spricht der Erzieher mit einem einzelnen Kind/ Jugendlichen, so werden ihm neben längeren Berichten und ihren subjektiven Bewertungen auch die daraus resultierenden Konsequenzen übermittelt; sie beziehen sich auf die verschiedensten Personen und auf die verschiedensten Umstände.

- Das Kind/der Jugendliche soll in dem Gespräch durch die Situation z.B. im Heim, im Kindergarten nicht dahin geführt werden, daß er/es uncharakteristische Antworten/Verhaltensweisen gibt/zeigt.

- Der Erzieher sollte sich bewußt sein, daß das Handeln des Kindes oder des Jugendlichen das Antworten auf seinen Auftrag hin ist!

- In der Regel legt sich der Gesprächspartner mit seinen ersten Antworten auf eine bestimmte Art und Weise des folgenden Antwortens hin fest; damit ist sein künftiges Reagieren *vor*bestimmt.

- Der Gesprächspartner kann sowohl während des Gesprächs als auch schon vor dem Gespräch seine Einstellungen zu bestimmten Situationen 'vorgefiltert' haben; dies sollte der Erzieher wissen und beachten.

- Eine der wichtigsten Voraussetzungen für ein effektives Gespräch ist ein offenes Vertrauensverhältnis zwischen den Gesprächspartnern.

— Stellt der Erzieher dem Kind/Jugendlichen Fragen, so sollten sie nicht als Suggestivfragen aufgebaut sein. (z.B. die Frage: "Wieviele Freunde hast Du, mit denen Du immer spielen möchtest?" geht davon aus, daß das Kind/der Jugendliche in jedem Fall Freunde hat.)

— Das Gespräch sollte den Jugendlichen/das Kind nicht belasten. Der Erzieher sollte das Gespräch so aufbauen, daß der Gesprächspartner nicht in die Rolle des "Befragten" gerät, wobei schnell Angst vor persönlichen Nachteilen entstehen kann und eine objektive Beurteilung des Sachverhaltes unmöglich macht.

— Wendet sich der Erzieher z.B. generellen Einstellungen des Kindes/Jugendlichen zu und vernachlässigt spezifische Fragen, so wird aus dem Gespräch schnell eine Unterhaltung ohne Rückschlüsse für den Erzieher.

— Der Gesprächspartner sollte sich darüber im klaren sein, daß bestimmte Wörter für das Kind/den Jugendlichen bestimmte Bedeutungen haben; diese Mehrdeutigkeit kann beim Gesprächspartner divergentes Verstehen bewirken.

— Die Fragen sollten nicht zu lang und zu kompliziert formuliert sein, sondern kurz und bündig an den Gesprächspartner gestellt werden.

— Persönliche Stellungnahmen des Erziehers sollten während des Gesprächs vermieden werden.

— Der Erzieher sollte die einkommenden Daten möglichst sofort verarbeiten, um den weiteren Aufbau des Gesprächs planen und mgl. ändern zu können.

— Ein möglichst zweckmäßiges Verhalten des Erziehers dem Kind/dem Jugendlichen gegenüber ermöglicht eine Realisierung seiner gesprächstaktischen Planung.

— Der Erzieher sollte aus der ständigen Datenanalyse Konsequenzen im Sinne einer strategischen Planung der Gesprächsführung ziehen.

— Die taktische Gesprächsführung muß vom Erzieher selbst beobachtet und kontrolliert, mit seiner Planung verglichen und modifiziert werden.

— Der Gesprächspartner wird dann Schwierigkeiten bekommen, wenn er

a) dem Gespräch selber nicht folgen kann,

b) den nötigen Wissensstand zur Erörterung nicht mitbringt,

c) Auszuwertendes vergißt,

d) keine Gesprächspausen ertragen kann,

e) zu früh während der Gesprächsausführung interveniert,

f) aus Ungeduld eingreift und das Gespräch vorantreiben will,

g) es zuläßt, daß das Kind/der Jugendliche das Gespräch leitet,

h) sich streng an Frage-Schemata hält, durch die z.B. Ergänzungsfragen verhindert werden,

i) nicht weiß, welches Gesprächsverhalten das Kind/den Jugendlichen in welche gesprächstaktisch günstige/ungünstige Einstellung versetzt,

k) kein geeignetes Repertoire von Verhaltenssystemen beherrscht,

l) das Verhalten nicht genügend beobachten kann.

- Während des Gesprächs sollten − wenn möglich − Videoaufnahmen oder Tonbandgeräte mitbenutzt werden. Ob dies dienlich oder unzweckmäßig und hinderlich ist, muß bei der vorherigen Gesprächsplanung mitberücksichtigt werden.

3.3 Die Exploration mit den Eltern der Kinder/Jugendlichen

Die Explorationssituation ist sowohl für den Erzieher als auch für die Eltern des zu beurteilenden Kindes insofern bedeutsam, da sich während der Exploration ein Interaktionsmuster entwickeln kann, das auch für die folgenden Gesprächsabläufe seine Gültigkeit behält. Es ist bekannt, daß durch bestimmte Verhaltensweisen des Erziehers das Verhalten der Eltern auf längere Zeit entscheidend und prägend beeinflußt wird. Die Interaktion zwischen den beiden Gesprächspartnern wird allerdings dadurch gekennzeichnet, daß schon gleich zu Beginn konsequent auf die Erarbeitung bestimmter Probleme bzw. Fragestellungen hingearbeitet wird.

Der Erzieher sollte sich der drei Funktionen einer guten Gesprächsführung bewußt sein:

a)   der problemanalysierenden Funktion

b)   der mitarbeitsmotivierenden Funktion

c)   der problemverändernden Funktion

zu a): Ziel der Exploration unter Berücksichtigung der problemanalysierenden Funktion ist die genaue Erhebung von beurteilungsrelevanten, verwertbaren Daten. Da dieses Ziel nur duch die Art und Weise des Fragens erreicht werden kann, sollte der Erzieher folgende Anforderungen an seine Explorationstechnik stellen:

— Die Exploration sollte zwanglos gehalten und relativ offen gestaltet werden. Nach den möglichst zunächst offen gehaltenen Fragen sollte der Erzieher so konkrete Fragen nachstellen, daß seine Frage explizit beantwortet wird. Bestehen beim Gesprächspartner Angsthemmungen, so können Antwortalternativen angeboten werden. Der Erzieher sollte ständig seinem Gesprächspartner eine Rückmeldung über die Brauchbarkeit seiner Aussagen geben.

— Besteht beim Gesprächspartner ein starker Äußerungsdrang, so muß der Erzieher darauf achten, daß die Leitung des Gesprächs dennoch in seiner Hand bleibt.

— Gesprächspartner mit abschweifenden Äußerungen oder sehr umständlichen Formulierungen sollten immer wieder auf die eigentliche Fragestellung zurückgeführt werden.

— Um das Ziel in der Exploration zu erreichen, sollte der Erzieher z.B. die Äußerungsbereitschaft der Eltern, die Einstellung zum Gesprächsleiter und die Motivation zur Mitarbeit beobachten. Sollte eine Exploration nicht zu dem gesetzten Ziel führen, so muß sie so elastisch sein, daß sie auch unterbrochen und zu späterer Zeit nachgeholt werden kann.

— Der Erzieher sollte durch sein Verhalten hemmungslösend und auffordernd wirken, um die zu bearbeitenden Probleme umfassend zu analysieren.

— Selbstverständlich sind vom Erzieher auch hier Suggestivfragen zu vermeiden.

— Will der Erzieher den funktionalen Bezugsrahmen z.B. von einer bestimmten Verhaltensauffälligkeit erfahren, so sollte er die Reizbedingungen, die diesem genau bezeichneten Verhalten vorausgehen und unmittelbar folgen, genau abklären und an weiteren Beispielen überprüfen.

— Sowohl der Erzieher als auch die Eltern lernen, wenn sich die Exploration über mehrere Treffen hinzieht, eine gemeinsame Sprache sprechen. D.h., der Erzieher stellt sich auf die Sprache der Eltern ein und die Eltern auf die des Erziehers. Dadurch werden Mißverständnisse und Mißdeutungen weitestgehend vermieden.

— Während der Exploration mit den Eltern sollte der Erzieher ständig darauf achten, daß sich für die Eltern z.B. subjektive Einschätzungen zum Symptom ergeben und daher u.U. nicht richtig wiedergegeben werden.

– Ist das Gespräch mit dem Erzieher für die Eltern eine von vielen Explorationserhebungen, so besteht bei negativen Vorerfahrungen die Gefahr, daß die Eltern Gefühle projezieren. Hier bleibt es dem Geschick des Erziehers überlassen, diese Projektionen zu erkennen, aufzudecken und zu bearbeiten.

– Die Gültigkeit der Information kann auch durch die Befragungssituation – die Räumlichkeiten, den Einwegspiegel, das laufende Tonband, den ständig mitschreibenden Erzieher – verändert und verfälscht werden. Spürt der Erzieher das, so sind die betreffenden Faktoren auszuschließen.

– Ebenso kann sich die eine oder andere Persönlichkeitsvariable des Erziehers auf die Gültigkeit der Informationen auswirken (Sprache, Aussehen, Alter, Mimik, Gestik ...). Wenn irgend möglich, sollte daher ein zweiter Erzieher die Explorationssituation beobachten und steuernd eingreifen (z.B. selber die Exploration weiterführen).

zu b): Die Erwartungen der Eltern an die Exploration können sehr unterschiedlich sein; zum einen können sie sich vielleicht einen positiven Kontakt zu einem "Fachmann" wünschen, zum zweiten sehen sie den Termin mit dem Erzieher vielleicht als einen lästigen, überflüssigen Kontakt an, oder sie glauben zum dritten, daß es für sie insofern gefährlich werden könnte, weil der Erzieher sie wegen möglicher Erziehungsfehler bloßstellen kann. Da der Erzieher aber verstärkt auf diese elterliche Exploration angewiesen ist, sollte er gleich zu Anfang zwei Dinge klar machen: erstens sollte der Erzieher darauf hinweisen, daß er mögliche Verhaltensauffälligkeiten des Kindes/des Jugendlichen nicht auf jeden Fall abbauen kann, und er zweitens, gerade weil er auf die Mitarbeit der Eltern in diesem Fall angewiesen ist, den Eltern den Sinn dieser Exploration erklärt und das methodische Vorgehen darzustellen versucht.

– Um die Eltern zur Mitarbeit zu motivieren, sollte der Erzieher sich dem Gesprächsniveau der Eltern anzupassen versuchen.

– Der Inhalt der Fragen, das Tempo, die Impulse der Gesprächsführung müssen dem Aufnahmevermögen, dem Verständnis und der sprachlichen Ausdrucksfähigkeit des Gesprächspartners angeglichen sein.

– Der Erzieher muß den Problemen der Eltern gegenüber aufgeschlossen sein. Er muß seinen Gesprächspartnern verständnisvoll begegnen und sie immer ernst nehmen.

— Um die Eltern ständig zur Mitarbeit motivieren zu können, sollte der Erzieher leicht zu beantwortende Fragen gleich zu Anfang stellen und schwerere Fragen während der Exploration stetig einstreuen.

— Fragen der Eltern an den Erzieher, wie er "das Kind mit den speziellen Problemen sieht", sollte er stets mit positiven Aspekten und Beurteilungen beantworten und Vergleiche mit anderen Kindern (Entwicklungsstand etc.) vermeiden, da die Eltern eine weitaus stärkere gefühlsbetonte Einstellung zu ihrem Kind haben als der Erzieher.

— Eine autoritäre Haltung des Erziehers den Eltern des Kindes/Jugendlichen gegenüber sollte vermieden werden, da dadurch u.U. die Gesprächspartner weniger zur Beantwortung bestimmter Fragen motiviert sind.

zu c):— Eine problemverändernde Funktion durch die Exploration kann z.B. dadurch schon zum Teil erreicht werden, daß durch die Interaktion mit dem Erzieher die Eltern Sicherheit und positive Rückmeldung zu angemessenem Verhalten bekommen. Das ist insofern zu erreichen, daß sich beide Gesprächspartner auf eine gemeinsame Inhaltsebene einigen, die u.U. jedem von ihnen mehr oder weniger angenehm ist.

— Der Erzieher sollte dem Elternpaar klarzumachen versuchen, daß er sich z.B. durch Gesprächspausen in keinem Fall gestört oder beeinträchtigt fühlt.

— Der Erzieher sollte den Eltern seine Aufmerksamkeit nicht nur durch sein aktives Zuhören zeigen, sondern auch durch seine Mimik, Gestik und Kopf-/Handhaltung signalisieren, daß er ständig auf die Aktionen seines Gesprächspartners reagiert.

— Während der gemeinsamen Exploration sollte der Erzieher beobachten, ob er in der Wahl seiner verbalen und non-verbalen Ausdrucksformen kein widerspüchliches Gesamtverhalten zeigt, um die Eltern nicht zu verunsichern. (Mimik bejahend, verbale Äußerungen ablehnend).

— Sollte der Erzieher schon während der Exploration mit den Eltern spezifische Verhaltensweisen absprechen, die sie in der Interaktion mit dem Kind in Zukunft zeigen sollen, so muß er sicher gehen, daß die Aufgabe für die Eltern auch erfüllbar ist.

3.3.1 Hinweise zur Exploration von Eltern

Wie schon erwähnt, stellt die Exploration der Eltern ein wichtiges Hilfsmittel zur Vervollständigung einer Beurteilung von Kindern und Jugendlichen dar. Gleichzeitig kann die Elternexploration nicht nur bestimmte Verhaltensweisen/ Verhaltensauffälligkeiten des Kindes/des Jugendlichen näher bestimmen, sondern auch mithelfen, die Stellung beider Eltern zum Kind und seinem Verhalten aufzudecken und zu erkennen. Die nun folgenden Gesichtspunkte einer Exploration dürfen dabei nicht als ein vollständiges Programm angesehen werden; sie dienen lediglich als Anhaltspunkte für eine abgesicherte, umfassende Exploration.

Lebensgeschichte und Berufstätigkeit der Eltern:

— Eheschließung, schwere Krankheiten, Anzahl der Kinder, Scheidungen, nichteheliche Kinder.

— Berufsqualifikation, Beanspruchung durch den Beruf, Arbeitszeiten, Einstellung zum Beruf.

Haushalt:

— welcher Partner übernimmt welche regelmäßigen Tätigkeiten?

— grober Ablauf eines "normalen" Arbeitstages zu Hause

— feste gemeinsame Aktivitäten/Unternehmungen mit den Kindern

— Tagesablauf des zu beurteilenden Kindes

— finanzielle Situation der Eltern

— Größe der Wohnung

— Mitbewohner außer den Eltern und den Kindern

Kind:

— Einstellung beider Eltern zum Kind

— Miterziehung im Haushalt

— Selbsteinschätzung der Art der Erziehung beider Elternteile

— Geburt des Kindes

— Verhalten im Säuglingsalter (Nahrungsaufnahme, Krankheiten, Unfälle ...)

— Verhalten im Kleinkindalter (Kindergarten, Krankenhaus; Laufen, Sauberwerden, Sprache, Verhalten im sog. Trotzalter)

— Verhalten im Vorschulalter (Verhaltensschwierigkeiten, Verhaltensauffälligkeiten wie z.B. Einnässen, Einkoten, Nägelbeißen, Tics, Ängstlichkeit, Schlafstörungen, Eßstörungen, Sprachschwierigkeiten, Kontaktschwierigkeiten, Wutanfälle, Geschwisterstreit, Schwindeleien, Fortlaufen .....)

— Spielverhalten (Interessen)

- Lern- und Leistungsstörungen
- Freizeitverhalten (Hobbies)
- besondere Interessen
- Taschengeld
- Soziale Haltung (geliebte bzw. abgelehnte Personen)

- Häufigkeit, Dauer und Intensität von Verhaltensauffälligkeiten
- Beispiele aus verschiedenen Situationsbereichen
- Treten bestimmte Verhaltensauffälligkeiten nur in besonderen Situationen, zu bestimmten Zeiten oder bei bestimmten Personen auf?
- Treten diese bestimmten Verhaltensweisen in besonderen Situationen, zu bestimmten Zeiten oder bei bestimmten Personen nicht auf?
- Welches Erzieherverhalten wird von den Eltern speziell dann gezeigt, wenn das Problemverhalten auftritt/nicht auftritt?
- Wann und unter welchen Bedingungen trat das Problemverhalten zum ersten Mal auf?
- Welche Auswirkungen hat das Problemverhalten für das Kind im Kindergarten, zu Hause, Spielkameraden, ...?

Innerhalb eines Modellversuches „Pädagogische und therapeutische Modellprogramme zur Veränderung auffälliger Verhaltensweisen im Kindergarten" des 'Staatsinstituts für Frühpädagogik in München' wurde ein Anamnesebogen entwickelt, der dann mit Erzieherinnen von Schulkindergärten der Stadt München in seiner ursprünglichen Fassung verändert wurde. Abgesehen von dem Bereich '6' kann er aus der Sicht des Autors hervorragend als Explorationshilfe verwandt werden:

Anamnese
Befragungs-Schema zur Analyse kindlicher Verhaltensauffälligkeiten

1. **Beschreibung des „Problem"-Verhaltens**
   Positive Verhaltensweisen des Kindes
   - Spielpartner
   - Ort des Spielgeschehens

- Art der Spiele

- Selbständigkeit im Umgang mit anderen

Störendes Verhalten (bezüglich Häufigkeit, Dauer, Intensität):
- aus der Sicht der Mutter

- aus der Sicht des Vaters

- aus der Sicht anderer (Großmama, Lehrer, Nachbar ..., nur wenn sie wichtige Bezugspersonen sind)

- aus der Sicht des Kindes

Besondere persönliche Charakteristika des Kindes
(körperliche, sensorische, motorische, geistige Auffälligkeiten bzw. Defizite)

Gewohnheiten und Eigenschaften des Kindes
(Schlaf- bzw. Eßgewohnheiten)

2. **Klärung der Problem-Situation**

   Wen stört das Problemverhalten mehr, wen weniger?

   Wann, wie und unter welchen Bedingungen tritt das Problemverhalten auf?

   In welchen Situationen ist das Problemverhalten am ausgeprägtesten?

   Gibt es bestimmte Zeiten/Umgebungen, in denen das Problemverhalten auftritt?
   (bei bestimmten Personen, in den Ferien, in der Schule, beim Spielen)

   Welche Reaktionen gibt es auf das Problemverhalten?
   - bei der Mutter

   - beim Vater

   - bei anderen

   - beim Kind selbst (nur bei bestimmten Problemen ist ein Kind dieser Altersstufe in der Lage, dies zu äußern; z.B. ein Kind kann etwas Bestimmtes nicht, es ist mutlos und gibt auf).

   Was geschieht, wenn das Problemverhalten nicht auftritt?
   (Frage anhand eines konkreten Beispiels formulieren)
   - von seiten der Mutter

   - von seiten des Vaters

   - von seiten anderer

   - von seiten des Kindes selbst (z.B. Kind freut sich über seinen Erfolg mit der Schneidearbeit)

3.   **Entwicklungsanalyse**

Wann traten zum ersten Male Schwierigkeiten mit dem Kind auf?
(Konkrete Situation angeben)

Unter welchen Bedingungen trat das Problemverhalten zum erstenmal auf?

Wurden damals noch weitere störende Verhaltensweisen beobachtet?
(z.B. erneutes Einnässen, Fremdeln)

Wie war damals die Reaktion auf das neue Verhalten?
— bei der Mutter

— beim Vater

— bei anderen

— beim Kind selbst

Hat sich das Problemverhalten im Laufe der Zeit verändert?
(intensiver, häufiger, auf andere Situationen ausgeweitet . . .)

Wurden körperliche, sensorische, motorische oder geistige Veränderungen beobachtet?
(worauf wurden sie zurückgeführt?)

Gab es besondere Veranderungen in der unmittelbaren sozialen Umwelt des Kindes und wie reagierte das Kind darauf?
(Umzug, Kindergartenbeginn, Einschulung, Geburt eines Geschwisters, Trennung der Eltern . . .)

4.   **Analyse der sozialen Beziehungen**

Welche Bezugspersonen sind vorhanden und mit wem ist das Kind besonders gern zusammen?

Gibt es typische Verhaltensweisen der Familienmitglieder untereinander?
(Bevorzugung eines bestimmten Kindes — von seiten der Eltern des Kindes —, bestehen besondere Rücksichtnahmen gegenüber bestimmten Familienmitgliedern)?

Gibt es Kontaktpersonen, die das Kind ablehnt?

Sind sich die Eltern in den Erziehungszielen einig?

Gibt oder gab es besondere Charakteristika oder Auffälligkeiten im Verhalten der Eltern?

Gibt oder gab es bei den Eltern Verhaltensweisen, die das Kind bei seinem Problemverhalten übernommen haben könnte?

Welche Personen haben zusätzlichen Erziehungseinfluß?
(Großmutter . . .)

Wer verbringt die meiste Zeit mit dem Kind?

5. **Motivationsanalyse**

Was hat oder macht das Kind gerne?
(bestimmte Spiele, Toben, Fernsehen, Schwimmen, Schokolade; evtl. schon beantwortet unter Punkt 1, Vertiefungsmöglichkeit)

Wechselt das Kind häufig seine Bevorzugungen?

Hat das Kind besondere Abneigungen?

Wer geht am besten auf das Kind ein und wie häufig ist das Kind mit dieser Bezugsperson zusammen?

Auf welche Weise geht diese Bezugsperson auf dieses Kind ein?
(Gespräch, Spiel, Geschenke)

Welche Verhaltensweisen wollen Sie bei Ihrem Kind besonders fördern? Und wie versuchen Sie das zu erreichen?

— Mutter

— Vater

— andere Erziehungspersonen

Welche Erziehungsperson geht auf das Verhalten des Kindes am konsequentesten ein?

Wurde bereits versucht, das Problemverhalten abzubauen und wie erfolgreich war das?

6. **Analyse der sozialen Umwelt**

Charakteristika des sozialen Milieus
(Erlernter Beruf, materieller Hintergrund, Wohnverhältnisse, Nachbarschaft, wohnen gleichaltrige Kinder in der Nähe, dürfen die Kinder mit diesen auch zu Hause spielen?)

7. **Chancen der pädagogischen Beeinflussung des Problemverhaltens**

Leidet das Kind unter dem Problemverhalten?

Welche Erwartungen bestehen in bezug auf die Beseitigung des Problemverhaltens?

— bei der Mutter

- beim Vater
- bei anderen Erziehungspersonen
- beim Kind selbst

Was erwarten die einzelnen Erziehungspersonen von der Betreuung im Kindergarten/Schulkindergarten, in der Schule usw.?

Könnten in besonderen Fällen Hausbesuche durchgeführt werden?

Wurden früher Beratungen durchgeführt und mit welchem Erfolg?
(z.B. durch eine Erziehungsberatungsstelle)

Liegen Gründe vor, die einen häufigen Kontakt mit den Erziehungspersonen erschweren?

8. **Nach Abschluß des Gespräches von der Erzieherin zu beantworten:**

Sind die Angaben der einzelnen Beteiligten klar oder widersprüchlich?
(Mutter, Vater, Lehrer, Kind . . .)

Gibt es Unterschiede zwischen den Normen verschiedener sozialer Milieus, in denen das Kind lebt?
(zu Hause, Spielgruppe, Kindergarten . .)

Falls nötig, wie veränderungsfähig sind die unmittelbaren Umweltbedingungen bzw. die beteiligten Erziehungspersonen?

Wie motiviert sind die beteiligten Erziehungspersonen zur Mitarbeit?

Welche Verhaltensweisen zeigte die Mutter im Gespräch?
(sehr zurückhaltend, aufgeschlossen, ablehnend, wenig bereit, auf Fragen einzugehen).

Beurteilung des eigenen Verhaltens während des Anamnesegesprächs:
Dauer des Gesprächs:

Fühlte sich einer der Gesprächspartner unter Zeitdruck?

Wie war das emotionale Klima?

Sonstiges
(Zusätzlich Angaben, die nicht unmittelbar das Anamnesegespräch betreffen, aber dennoch wichtig sind)."

(Köck, 1981)

Bundschuh (1980) schlägt für die Exploration, die er einem "förderdiagnostischen Untersuchungsgespräch", "Erkundungsgespräch" oder einem "diagnostischen Gespräch" gleichsetzt, stichwortartig folgende Themenbereiche vor zur Spezifizierung bereits vorhandener Informationen oder auch zur Überprüfung von bisherigen Ergebnissen. Dabei wird vor allem die Bedeutung der durch die Exploration gegebenen Möglichkeit der Kontaktintensivierung hervorgehoben.

"— *Kind* und Problem (Störung, Behinderung)

Wie empfindet es selbst seine Problematik? Äußert es sich dazu, fühlt es sich isoliert? Denkt es über seine Zukunft nach? Sieht es selbst Lösungsmöglichkeiten? ... (In diesem Zusammenhang sei erwähnt, daß vor allem angehende Jugendliche in einer Untersuchung (1976) immer wieder fragten: Warum sind wir in der Sonderschule? Was können wir später anfangen?)

— *Eltern* und Problem des Kindes

Welche Schwierigkeiten, Stärken, Schwächen, Gewohnheiten fallen auf? Wie verhalten sich die Eltern gegenüber Auffälligkeiten, wie reagieren sie darauf? Wann empfanden die Eltern ihr Kind anders, gestört? Wurden die Probleme vom Lehrer, Arzt oder sonstigen Personen festgestellt? Wie reagierten die Eltern auf diesen Hinweis? Auf welche Weise wurde dem Kind bisher geholfen?...

— *Frühkindliche* Entwicklung

Fragen bezüglich bestimmter Krankheiten, Aufenthalte im Krankenhaus und Auswirkungen, Hospitalismusschäden, Familiensituation (wirtschaftlich, sozial, kulturell), Geschwisterprobleme, Verhalten der Personen aus der Umgebung zum Kind (Geschwister, Verwandtschaft, Nachbarn) während der Spielzeit und im Urlaub, evtl. Heimaufenthalte (Dauer, Bezugspersonen, Reaktion des Kindes ...), Kindergartenbesuch ...

— *Erziehungssituation*

Hauptsächliche Erziehungs- und Bezugspersonen (Mutter, Vater, Großeltern), Situation außerhalb der Schulzeit, Erziehungsmaßnahmen (welche werden eingesetzt und wie?) — Wirkung?...

— *Schulsituation*

Einstellung von Kind und/oder Eltern zur Schule (bejahend, ablehnend), Angst vor der Schule, Hausaufgabenprobleme, Lieblingsfächer, abgelehnte Fächer, negative Erfahrungen und Erlebnisse, Erwartungen, Wünsche, Anregungen für den Bereich der Schule...

— *Spielsituation* und *Freizeit*

Möglichkeiten zum Spielen, Kontakte zu anderen Kindern (Freunde, Spielkameraden, Jugendgruppen, Vereine ...), Ausdauer und Ablenkbarkeit, Spielmaterial ...

Impulskatalog für *Informationsgespräche* mit Eltern geistigbehinderter Kinder

Bewährt hat sich in der Praxis ein eigener Impulskatalog für Gespräche mit Eltern geistigbehinderter Kinder.

(Hinweise zur Gesprächsführung: Den Eltern sollte gesagt werden, daß nicht jede Frage beantwortet werden muß, daß jedoch die Antworteninhalte den Tatsachen entsprechen sollten; daß es um die bestmögliche Förderung ihres Kindes gehe.

Auch wenn die Impulse als Fragen formuliert sind, hat es sich gezeigt, daß man nur selten direkte Fragen formulieren muß, vielmehr sollte nach Möglichkeit ein strukturiertes, partnerschaftliches Gespräch stattfinden, wobei vom Gesprächsleiter die Regeln eines guten Gespräches beachtet werden sollten, z.B. wohlwollendes Zuhören, echtes Interesse, teils reflektierend, Freundlichkeit, ... Der Pädagoge sollte auch in der Lage sein zu beraten, falls die Eltern dies wünschen. Entspricht dies den Tatsachen, sollte man den Eltern sagen, daß man sich zu absolutem Schweigen über die Informationen verpflichtet).

Als günstig erwiesen sich Einstiegsimpulse wie: Möchten Sie etwas über Ihr Kind erzählen? Erzählen Sie etwas über Ihr Kind!

Ätiologie und Erscheinung

1. Worin besteht die Behinderung Ihres Kindes
1.1. Ätiologie (prä-, peri-, postnatal, ...)
1.2. Erscheinung (Phänomen: Besonders betroffene Bereiche, z.B. Sozialverhalten, Sprache, Motorik, ...)

Einstellung

2. Wann (evtl. wie) wurde Ihnen die Behinderung zum erstenmal bewußt? (evtl. Wer hat darüber informiert, wie geschah dies?)
2.1. Erste Reaktion auf diese Nachricht
2.2. Gegenwärtige Einstellung zum Kind (zur Behinderung des Kindes)

Maßnahmen

3. Was haben Sie bisher mit Ihrem Kind im Hinblick auf seine Behinderung unternommen, welche Maßnahmen haben Sie ergriffen?
3.1. ärztliche Maßnahmen (medikamentös, Eingriffe, operative Behandlung, Zelltherapie, ...) — wo wurden sie vorgenommen?
3.2. Vorschulische, schulische Maßnahmen (Spiel- und Therapiegruppen)
3.3. Persönliche Verhaltensmaßnahmen
3.4. Wirkung dieser Maßnahmen

Entwicklung

4. Erzählen Sie bitte etwas über die Entwicklung Ihres Kindes (vorgeburtlich, Geburtsverlauf, Unfälle, exogene Einflüsse...)
4.1. Welche Krankheiten hatte Ihr Kind: Unfälle, Operationen, Kinderkrankheiten (Masern, Diphterie, Scharlach, Röteln, Keuchhusten, Mumps, u.a.)
4.2. Hat Ihr Kind Anfälle
4.3. Befand es sich in einer Klinik (Dauer, Auswirkungen, ...)
4.4. Sonstige Entwicklungsstörungen, z.B. Medikamente, Impfungen
4.5. Wann lernte Ihr Kind das Laufen
4.6. Wann begann es zu sprechen (Einzelworte, Stottern, Sätze, Mutismus)
4.7. Besonderheiten der motorischen Entwicklung
4.8. Sauberkeitsentwicklung (Bettnässen, Toilette, ...)
4.9. Nahrungsaufnahme (mit Hilfe, selbständig, besondere Ernährung, ...)
4.10. Schläft Ihr Kind gut (ruhig, unruhig, tief, leicht, Angstzustände, ...)
4.11. Eigenaktivitäten (anziehen, waschen, ... alleine – mit Unterstützung)
4.12. Gegenwärtiger Gesundheitszustand (leicht anfällig, labil, darf sich nicht anstrengen z.B. beim Sport od. Spiel, gut, stabil, ...)
4.13. Auffälligkeiten der psychischen Entwicklung: Trotzphase, Sozialentwicklung (Anpassung, Verhalten zu anderen Kindern, Einordnung, streitet gerne, zurückhaltend, ängstlich, muß stets im Mittelpunkt stehen, braucht permanent Zuwendung. Bei Erwachsenen: gewinnt rasch Vertrauen, verhält sich ängstlich, aufgeschlossen, interessiert, ...)

Familie und Behinderung

5. Wie verhielt sich früher und wie verhält sich heute die Familie zu der Behinderung
5.1. Der Ehemann
5.2. Geschwister (Anzahl – gibt es Unterschiede im Verhalten, ...)
5.3. Gibt es besondere Erziehungsprobleme/Erziehungsschwierigkeiten – Erziehungsstil

Soziale Situation -- Kontakte

6. Wie verhalten sich die Mitmenschen zu Ihrem Kind
6.1. Wie verhält sich die Umwelt zu Ihrem Kind (Nachbarn, Freunde, Begegnungen im Urlaub, ... besondere Erlebnisse und Beobachtungen)
6.2. Wie verhält sich Ihr Kind der Umwelt gegenüber (aufgeschlossen, freundlich, eigenwillig, zurückgezogen, aufdringlich, ...)

Spielsituation

7. Spielt Ihr Kind (überhaupt, spontan, alleine, nur in Gemeinschaft — wenn ja: wie lange)
7.1. Was tut Ihr Kind am liebsten (Lieblingsbeschäftigung, hört es gerne Geschichten, singt es gerne, Malen, ...)
7.2. Welche Spielsachen hat es
7.3. Was konnten Sie auf Spielplätzen beobachten (Umwelt — Kind — Umwelt)

Tagesablauf zu Hause

8. Was tut Ihr Kind während des Tages, wenn es zu Hause ist (evtl. Tagesablauf berichten lassen)
8.1. Welche Tätigkeiten kann es selbst verrichten
8.2. Was tut es gerne, womit verbringt es die meiste Zeit

Schulsituation

9. Ging Ihr Kind bereits in eine schulische Einrichtung
9.1. Wie lange besuchte es eine Vorschule, eine schulvorbereitende Einrichtung
9.2. Wie ging es dann weiter (welche Schule, Umschulung, Rückstellung, Schulwechsel, ...)
9.3. Wie würden Sie sich als Eltern die Schule für Ihr Kind wünschen
10. Wie stellen Sie sich die *Zukunft* Ihres Kindes vor
11. Wurden Sie jemals über eine finanzielle Unterstützung im Zusammenhang mit Ihrem Kind informiert (evtl. in welcher Form)
12. Sonstige Fragen und Probleme, die ein erweitertes Gespräch verlangen
13. Evtl. noch Fragen nach besonderen *Problemen* in der Familie (Erziehung durch Stiefvater, -mutter, Fehlen eines Elternteils, Fürsorgeerziehung, Beeinträchtigungen der Eltern, ...)
14. *Wohnverhältnisse* (Größe, eigenes Zimmer, Spielplatz, Garten, ...)"
(1980, S. 179ff)

Im folgenden wird ein Fragebogen vorgestellt, der z.B. nach einem ersten Kontaktgespräch oder zur Vertiefung der anamnestischen Erhebung an Eltern weitergegeben/zugesandt werden kann mit der Bitte, ihn zum nächsten Gespräch mitzubringen bzw. ihn per Post wieder ausgefüllt zurückzusenden, so daß er als Grundlage für weitere Gespräche dienen kann. (Dieser Fragebogen ist eine überarbeitete Form eines Entwurfes von Prof. Dr. E. Kleiter, ehemals Pädagogische Hochschule Kiel.)

Elternfragebogen

I. *Personalien*

Name des Kindes: . . . . .Vorname: . . . .
geb. am: . . . . .in: . . . .
Wohnort: . . . . Straße: . . . . Nr.: . . . .

Name des Vaters: . . . . .Vorname: . . . .
geb. am: . . . . in: . . . .
Beruf: . . . .
Adresse: (nur ausfüllen, falls sich die Adresse von der des Kindes unterscheidet)

. . . .

Name der Mutter: . . . . .Vorname: . . . .
geb. am: . . . . in: . . . .
Beruf: . . . .
Adresse: (nur ausfüllen, falls sich die Adresse von der des Kindes unterscheidet)

. . . .

Familienstand: zusammen-, getrennt-, alleine lebend
(Nicht Zutreffendes bitte ausstreichen)

Name des Erziehungsberechtigten: . . . .
Namen und Alter aller Kinder im Haushalt: . . . .

. . . .

II. *Hinweise zur Beachtung*

Dieser Fragebogen soll helfen, die Probleme Ihres Kindes herauszufinden. Alle hier festgehaltenen Äußerungen werden mit äußerster Diskretion behandelt. Hier geht es um eine rein sachliche Klärung der Dinge, und es wird nicht über Schuld oder Nichtschuld entschieden.

Beantworten Sie bitte alle Fragen mit größter Sorgfalt! Es gibt keine richtigen oder falschen Antworten.
Im Zweifelsfall entscheiden Sie, was am häufigsten vorkommt.

Kreisen Sie bitte den Buchstaben der für Sie zutreffenden Antwort ein.

Beispiel: Ißt Ihr Kind gerne?   a) ja
b) nein

Unter jeder Frage ist für Sie Raum frei gelassen, damit Sie Gelegenheit haben, Ihre Antwort noch genauer zu fassen und gegebenenfalls ausführlicher darzustellen.

Versuchen Sie bitte, die Antworten schnell zu geben.
Grübeln Sie nicht allzulange über eine Frage nach.
Lassen Sie bitte keine Beantwortung aus.

III. *Schildern Sie Probleme – möglichst mit Beispielen –, die Sie mit Ihrem Kind haben bzw. die Ihr Kind hat:*

. . . .
. . . .
. . . .
. . . .
. . . .
. . . .
. . . .
. . . .
. . . .
. . . .
. . . .
. . . .
. . . .
. . . .
. . . .

IV. *Katalog beobachtbarer Verhaltensweisen*

Beantworten Sie durch Ankreuzen folgende Fragen:*

Beobachten Sie bei Ihrem Kind öfter, daß es
(mehrere Antworten möglich)

sich oder andere schlägt	☐	schlecht ein-/durchschlafen kann	☐
mit anderen Streit hat	☐	schlechte Schulleistungen bringt	☐
Hemmungen zeigt	☐	sexuell sehr aktiv/passiv ist	☐
einnäßt	☐	an den Nägeln kaut	☐
einkotet	☐	stottert	☐
am Daumen lutscht	☐	am Tag zu träumen scheint	☐
eifersüchtig ist	☐	Bitten/Anweisungen nicht erfüllt	☐

*Die Fragen sind dem "Diagnostischen Elternfragebogen" (Weinheim 1974) zum Teil verändert entnommen.

Eßstörungen hat	☐	Unselbständigkeit zeigt	☐
ängstlich ist	☐	unbeherrscht reagiert	☐
Konzentrationsstörungen zeigt	☐	nicht altersgemäß handelt	☐
Lese- und	☐	sich übergeben muß	☐
Rechtschreibstörungen hat	☐	feuchte Hände hat	☐
mit der linken Hand greift,	☐	über Kopfschmerzen klagt	☐
schreibt	☐	Bauchschmerzen hat	☐
unerlaubt etwas wegnimmt	☐	an Krämpfen leidet	☐
nervöse Zuckungen hat	☐		

Raum für Beispiele

Ist Ihr Kind häufig ...
(mehrere Antworten möglich)

ausgeglichen	☐	verspielt	☐
leicht ermüdbar	☐	leicht erregbar	☐
ängstlich	☐	unruhig	☐
empfindsam	☐	anlehnungsbedürftig	☐
zerstreut, vergeßlich	☐	traurig	☐
nervös	☐	. . . .	

V. *Einzelfragen zur Biographie Ihres Kindes*

1. Wieviel Zimmer hat Ihre Wohnung? . . . .
2. Hat Ihr Kind ein eigenes Zimmer?
   a) ja
   b) nein   ba) wo schläft es? . . . .
   . . . .
3. Hat Ihr Kind eine Spielecke, die es ganz für sich hat?
   a) ja

b) nein

. . . .

4. Gibt es für Ihr Kind draußen einen Spielplatz?
   a) ja
   b) nein

. . . .

5. War dieses Kind ein 'Wunschkind'?
   a) ja   aa) vom Vater   ab) von der Mutter   ac) von beiden
   b) nein

. . . .

6. Wie war die Schwangerschaft?
   a) normal
   b) Beschwerden (z.B. starke Schmerzen; Blutungen; Einnahme von Medika-
      menten usw.)

. . . .
. . . .

7. War direkt vor dieser Geburt eine Fehlgeburt?
   a) ja
   b) nein

. . . .

8. Wieviel Stunden hat die Geburt gedauert? . . . .
. . . .

9. Wie war die Geburt?
   a) normal
   b) kompliziert   ba) welcher Art (z.B. Saugglocke; falsche Lage; Früh-
                             geburt usw.)

. . . .
. . . .

10. Welche Schwierigkeiten traten nach der Geburt auf?
    a) keine
    b) (z.B. Blutunverträglichkeit; frühe Diät notwendig usw.)

. . . .
. . . .

11. Wer sorgte im Säuglingsalter für das Kind?

. . . .

12. Ist Ihr Kind einmal längere Zeit von einer anderen Person als der Mutter betreut worden?
    a) ja   aa) von wem? . . . .   ab) wie lange? . . . .
    b) nein
    c) wird ständig von . . . . betreut

. . . .

13. War dieses Kind im 1. Lebensjahr
    a) sehr unruhig?
    b) sehr ruhig?
    c) normale Temperamentslage?

. . . .

14. War Ihr Kind
    a) freundlich gegenüber Fremden?
    b) sehr scheu?

. . . .

15. Lutschte Ihr Kind
    a) gar nicht?
    b) an Fingern oder Daumen?   ba) an Ähnlichem (Schnuller; Bettzipfel usw.)?
    c) Wenn ja: bis zu welchem Alter? . . . .
                zu welchen Gelegenheiten? . . . .

. . . .

16. Nascht Ihr Kind
    a) so oft, daß Sie etwas dagegen tun
    b) manchmal
    c) nein

. . . .

17. Ißt Ihr Kind gern?
    a) ja
    b) verweigert das Kind häufig das Essen?
        ba) wann fing es damit an?

. . . .

18. Wann war Ihr Kind sauber?   Alter: . . . .

. . . .

19. Gab es Rückfälle?
    a) ja   aa) wann (Alter)? . . . . ab) für wie lange? . . . . . .
                                                              . . . .
    ac) aus welchem Grund? . . . .
    b) nein

. . . .

20. Gibt Ihr Kind gern ab? (z.B. Spielzeug; Süßigkeiten usw.)
    a) ja
    b) nur auf Drängen hin
    c) gar nicht

. . . .

21. Gibt Ihr Kind bei Auseinandersetzungen mit Gleichaltrigen
    a) nach
    b) setzt es seinen Willen durch?
    c) geht es dem Streit aus dem Wege und tut etwas anderes?

. . . .

22. Macht Ihr Kind beim Spielen gern etwas kaputt?
    a) so häufig, daß Sie schimpfen
    b) manchmal
    c) sehr selten

. . . .

23. Darf Ihr Kind überhaupt Spielsachen kaputt machen?
    a) ja
    b) nie
    c) nur, wenn sie alt sind

. . . .

24. Ist Ihr Kind sehr schüchtern, wenn Besuch da ist?
    a) ja
    b) nein

. . . .

25. Versucht Ihr Kind manchmal, seinen Willen unter allen Umständen durchzu-
    setzen, so daß man es nicht mehr lenken kann?

128

a) ja
b) nein

. . . .

26. Ärgert Ihr Kind gern andere Kinder? (z.B. kneift, pufft usw.)
    a) ja
    b) nein

. . . .

27. Meinen Sie, daß Ihr Kind Angst hat?
    a) ja   aa) wovor? . . . .
    b) nein

. . . .

28. Schreckt Ihr Kind im Schlaf manchmal hoch?
    a) ja   aa) wie oft? . . . .
    b) nein

. . . .

29. Schläft Ihr Kind am schnellsten ein, wenn Vater oder Mutter neben dem Bett sitzen?
    a) ja
    b) nein

. . . .

30. Schmust Ihr Kind gern?
    a) ja   aa) von sich aus?   ab) nur, wenn es dazu aufgefordert wird?
    b) nein   ba) ich mag nicht, wenn Kinder schmusen?

. . . .

31. Sprechen Sie mit Ihrem Kind über sexuelle Dinge?
    a) ja   aa) nur, wenn es fragt   ab) zu entsprechenden Gelegenheiten
    ac) nur mit der Mutter   ad) nur mit dem Vater   ae) mit beiden
    b) nein   ba) noch nicht; ich werde es aber tun

. . . .

32. Welche Krankheiten hat Ihr Kind durchgemacht?
    a) übliche Kinderkrankheiten   genaues Alter

. . . .
. . . .
. . . .

. . . .
. . . .
. . . .
. . . .
. . . .

b) besonders schwere Krankheiten   genaues Alter

. . . .
. . . .
. . . .
. . . .
. . . .
. . . .

33. War Ihr Kind schon ein- oder mehrmals im Krankenhaus?
    a) ja   aa) weshalb? . . . .
    ab) wie lange? . . . . ac) wann (Alter)? . . . .
    b) nein

    . . . .
    . . . .
    . . . .

34. Weinte Ihr Kind am 1. Tag bei der Einschulung?
    a) ja   aa) etwas   ab) sehr
    b) nein

    . . . .

35. Hatte Ihr Kind bei Schulbeginn Schwierigkeiten, sich vom Elternhaus zu lösen
    und sich in die Schulgemeinschaft einzuordnen?
    a) ja
    b) nein

    . . . .

36. Geht Ihr Kind gern in die Schule?
    a) ja
    b) nein

    . . . .

37. Wie macht Ihr Kind die Hausaufgaben?
    a) allein
    b) unter Aufsicht von . . . .

c) am liebsten gar nicht

. . . .

38. Welches Fach mag es am liebsten? . . . .

39. Welches Fach mag es gar nicht? . . . .

40. Welchen Gesamteindruck haben Sie von den Schulleistungen Ihres Kindes?

. . . .

. . . .

41. Wie verhält sich Ihr Kind, wenn es schlechte Zensuren hat?
   a) niedergeschlagen
   b) weint
   c) gleichgültig
   d) schweigt
   e) verweist auf die, die genauso schlecht oder schlechter sind

. . . .

42. Gab es Zeiten, in denen das Kind wesentlich besser oder schlechter war als jetzt?
   a) ja   Schuljahr: . . . . Fach: . . . .
   b) nein

. . . .

43. Was tun Sie, wenn es schlechte Zensuren heimbringt?

. . . .

44. Meinen Sie, daß dieses Kind verwöhnt wird?
   a) ja   aa) von . . . .
   b) nein

. . . .

45. Wie bestrafen Sie Ihr Kind, wenn es sehr ungezogen war?
   a) Hausarrest
   b) mache dem Kind klar, weshalb es sich nicht so verhalten durfte
   c) drohe Strafen nur an
   d) führe Strafen nur nach wiederholtem Ungezogensein aus
   e) eine Tracht Prügel
   f) gar nicht

. . . .

46. Welcher Ehepartner führt die Bestrafung zum größten Teil aus?

. . . .

47. Wem, meinen Sie, ist Ihr Kind ähnlich? . . . .

48. Welchen Elternteil mag Ihr Kind am liebsten? . . . .

49. Zu wem kommt Ihr Kind, wenn es etwas ausgefressen hat?

. . . .

50. Zu wem kommt Ihr Kind, wenn es einen Wunsch hat?

. . . .

51. Bekommt Ihr Kind regelmäßig, unabhängig von Lohn und Strafe, Taschengeld?
    a) ja   aa) seit wann? . . . . ab) wieviel? . . . .
    b) nein

. . . .

52. Wer entscheidet, was mit dem Taschengeld gemacht wird?
    a) Vater
    b) Mutter
    c) beide
    d) Kind selbst

. . . .

53. Ihr Kind hat eine Idee, will etwas tun, hat einen Plan. Wie verhalten Sie sich
    in der Regel?
    a) lassen Sie das Kind sofort gewähren? oder sagen Sie:
    b) "mal langsam, überlege erst einmal"
    c) oder greifen Sie gern ein, damit das Kind es richtig macht?

. . . .

54. Halten Sie sich für einen lebhaften Menschen?
    a) ja
    b) nein

. . . .

55. Versuchen Sie, Ihr Kind in seinen Entscheidungen über Kleidung (1), Spiel-
    sachen (2) und Freunde (3) zu beeinflussen?
    Die Ziffern hinter a oder b schreiben
    a) ja
    b) nein

. . . .

132

56. Glauben Sie, daß Kinder mehr leisten, wenn sie beaufsichtigt werden?
    a) ja
    b) nein

. . . .

57. Bezeichnen Sie sich selbst als gesprächig?
    a) ja
    b) nein

. . . .

58. Geben Sie gern Anordnungen?
    a) ja
    b) nein

. . . .

59. Ab wann halten Sie ein Kind für alt genug, unbeaufsichtigt auf der Straße zu spielen?

. . . .

60. Von welchem Alter ab sollte man ein Kind nach seiner Meinung fragen bei Entscheidungen, die es selbst betreffen?

. . . .

61. Von welchem Alter ab darf ein Kind Spielkameraden mit nach Hause bringen?

. . . .

62. Ab wann halten Sie ein Kind für alt genug, sich seine Freunde selbst auszusuchen?

. . . .

63. Von welchem Alter ab sollte ein Kind selbst entscheiden, was es anzieht?

. . . .

64. Ab wann sollte ein Kind gegenüber Gleichaltrigen den Ehrgeiz besitzen, eine Sache besser als die anderen zu machen?

. . . .

65. Ab wann sollte ein Kind soweit sein, daß es tags und nachts zuverlässig trocken bleibt?

. . . .

66. Ab wann sollte ein Kind in der Lage sein, sich ohne Hilfe an- und auszuziehen?

. . . .

67. Von welchem Alter ab sollte ein Kind in der Lage sein, tagsüber ganz allein in der Wohnung zu bleiben, wenn die Eltern fort sind?

. . . .

68. Von welchem Alter ab sollte ein Kind im Haushalt feste Aufgaben übernehmen und selbständig durchführen?

. . . .

69. Von welchem Alter ab sollte ein Kind für seine Mutter kleinere Einkäufe und Besorgungen übernehmen können?

. . . .

Nur für den Auswerter:

Es wurden folgende Fragedimensionen gebildet:

1 — 4:	Wohnverhältnisse
5:	Einstellung der Eltern zum Kind
6 — 10:	Schwangerschaft und Geburt
11 — 14:	1. Lebensjahr und Kleinkindalter
15 — 17:	Orale Phase
18 — 26:	Anale Phase Reinlichkeitserziehung
27 — 31:	Zärtlichkeit und Sexualität
32 — 33:	Krankheiten
34 — 42:	Einschulung und Schulalter
43 — 58:	Erziehungsstil der Eltern a) allgemein
59 — 64:	Erziehungsstil der Eltern b) kindzentrierte Unabhängigkeit
65 — 69:	Erziehungsstil der Eltern c) elternentlastende Unabhängigkeit

4. Die Beurteilung von Kindern und Jugendlichen

Bevor in diesem Kapitel auf den Bereich der Beurteilung selbst eingegangen werden soll, wird im folgenden versucht darzustellen, in welch hohem Maße die menschliche Wahrnehmung – und damit auch Beobachtung – subjektiv erlebten Verzerrungen unterworfen ist.

Betrachten Sie die gleich aufgeführten 'Bilder'; vergleichen Sie anschließend Ihre Wahrnehmung und die objektive 'Realität'.

Ähnlich subjektiven Verzerrungen sind Sie auch bei der Beobachtung und Beurteilung von Kindern und Jugendlichen ausgesetzt!

Die Datenbeschaffung der Erzieher, die während des Erziehungsprozesses vollzogen wurde, hat die Aufgabe, daß aus ihr eine Beurteilung entsteht. Selbstverständlich wäre es nicht richtig, unter Beurteilung nur den Vorgang eines schriftlichen Festhaltens von beobachtetem Verhalten zu verstehen; der Vorgang der Beurteilung vollzieht sich schon während der Datenbeschaffung. Da "Erziehung" einen sich stets verändernden Charakter aufweist, wirkt der Erzieher auch ständig auf die Persönlichkeit der Kinder und Jugendlichen ein. Das hat auch zur Folge, daß der Erzieher auch sein Bild und seine Beurteilung stets verändern muß und nicht an einer starren, ständig nur aufbauenden Beobachtung und Beurteilung festhalten darf.

Da die Beurteilung eines Kindes/Jugendlichen nur wesentliche Aspekte enthalten kann, ist es wichtig, daß der Erzieher auch tatsächlich nur die wesentlichen Beobachtungsergebnisse bearbeitet und die entscheidenden Beurteilungskriterien/-beschreibungen auswählt; das heißt, daß der Erzieher sehr genau entscheiden und abwägen muß, was die Gesamtbeurteilung in seiner endgültigen Fassung enthalten muß.

Die Beurteilung von Kindern und Jugendlichen bildet in vielen Fällen eine wesentliche Grundlage für die weitere Erziehung und Bildung und stellt daher eine wesentliche Aussage über den zu Beurteilenden dar. Sie weist individuelle Verhaltensweisen, Störungen und Auffälligkeiten auf und stellt ein Glied in der Gesamtpersönlichkeitsentwicklung in der Kette neben psychologischen Gutachten und medizinischen Befunden dar. Aufgrund ihrer Bedeutung wäre es von Vorteil, wenn Erzieher eine Beurteilung zusammen erstellen könnten, wobei die Zusammenarbeit in einem interdisziplinär arbeitenden Team ganz besondere Vorteile aufweist. Um Erinnerungslücken, Verfälschungen und subjektive Interpretationen soweit wie möglich auszuklammern, sollte der beobachtende Erzieher seine Daten gezielt sammeln und geplant zusammenstellen. Die Ergebnisse der Beobachtungen sollten aufgeschrieben werden, damit sich möglichst keine Beurteilungsfehler einschleichen können. Schließlich soll die Beurteilung Rückschlüsse und Erkenntnisse spezifischen Verhaltens von Persönlichkeitsmerkmalen und Verhaltenseigenschaften erlauben. Wichtig wäre auch die Darstellung, wie mögliche Verhaltensbesonderheiten und -defizite aufgearbeitet werden können.

Wenn ein Kind/ein Jugendlicher zu beurteilen ist, so muß aufgrund der Vieldeutigkeit des Verhaltens exakt beobachtet werden.

Nicht nur eine Aufzählung von Verhaltensweisen reicht aus, um eine Beurteilung von Kindern und Jugendlichen vorzunehmen, sondern vielmehr der Beobachtungsrahmen spielt eine ebenso wichtige Rolle und sollte gleichzeitig bei der Beschreibung miterfaßt werden. Aneinanderreihungen von Verhaltenseigenschaften reichen nicht aus, Kinder/Jugendliche zu beurteilen; dies passiert aber dann, wenn nur zufällige Beobachtungen niedergeschrieben und mit kurzen Anmerkungen versehen sind. Der Erzieher sollte darauf achten, daß er nicht nur Beobachtungen fixiert, um sie für die Beurteilung auszuwerten, die ihm nur aufgrund z.B. aktueller Schwierigkeiten oder aktueller Förderung wichtig erscheinen; es sind oftmals auch nicht bemerkenswerte Tatsachen, die für eine Beurteilung dennoch wichtig erscheinen und die möglicherweise gerade für den Leser der Beurteilung interessant sind. Jede Beurteilung von Kindern und Jugendlichen sollte sehr sorgsam erarbeitet und gut abgesichert sein. Schwierigkeiten kann es bei der objektiven

Erfassung des tatsächlich stattgefundenen Sachverhaltes geben, wenn Beobachtungsprozesse festgehalten, wiedergegeben und analysiert werden. Aufgrund der Aussagen vieler empirischer Untersuchungen ist die Gefahr sehr groß, daß der Beobachter durch Vorurteile z.B. nur solche Situationen auswählt, die er beobachten will und die seinen vorgefaßten Meinungen entsprechen. Andere Situationen werden unterschlagen und übersehen (Haloeffekt). Der Erzieher sollte daher seine Beobachtungen immer wieder überprüfen und um eine objektive Darstellung ständig bemüht sein. Die permanente Sammlung von Beobachtungsdaten ist ein ganz wesentlicher Punkt in der erzieherischen Arbeit. Der Beobachter sollte darauf achten, daß er das Kind/den Jugendlichen nicht nur in ganz bestimmten Situationen beobachtet, sondern daß der Beobachtungsprozeß ständig und in möglichst verschiedenen Situationen abläuft. Denn gerade eine Beurteilung muß dem Anspruch gerecht werden, stichhaltige und umfassende Aussagen zu machen. Und da gerade Entwicklungsstörungen oder Verhaltensauffälligkeiten einem Wandel unterzogen sind, ergibt sich die Forderung, charakterisierende Beurteilungsdaten über längere Zeit zu sammeln. Wird bei einer Beurteilung besonderes Gewicht auf die Erfassung von fest umschriebenen Verhaltensweisen gelegt, so sollte der Erzieher seine Beobachtung sehr exakt, planmäßig und zielgerichtet machen, denn nur dadurch ist ein Schwerpunkt bei der Beurteilung zu setzen. Hat sich der Beobachter zum Beispiel vorgenommen, besonders das Sprachverhalten des Kindes oder des Jugendlichen zu beobachten, so muß er sich im wesentlichen auf die Sprache, die Äußerungsbereitschaft, die Aussprache, das Sprachtempo, die inhaltliche Äußerungsweise, die Sprachdynamik und die Sprachmelodik konzentrieren. Nur dadurch kann eine Beurteilung auf die Fragestellung eingehen und die Ergebnisse und Erkenntnisse weitervermitteln. Liegt der Beurteilung keine besondere Fragestellung/Zielsetzung vor, so ist eine vielseitige Beurteilung und Erfassung von Verhaltensweisen wichtig. Eine vielseitige Beurteilung geschieht zum Beispiel dann, wenn nicht nur im Kinderheim, im Kindergarten oder in der Schule beobachtet, sondern auch auf dem Schul-/Kindergartenhof, auf Freizeiten, auf Kinderfesten oder zu anderen Gelegenheiten beobachtet wird. Geht es darum, daß ein bestimmtes Kind/ein bestimmter Jugendlicher zu beobachten ist, ist es notwendig, daß gleichzeitig das Verhalten aller Gruppenmitglieder mitbeobachtet und berücksichtigt wird. Vielleicht liegt gerade in der Besonderheit der Gruppe der Grund für Verhaltensbesonderheiten des einzelnen Kindes/Jugendlichen. Und gerade bei der Datenerhebung/Materialbeschaffung sollte der Beobachter nicht den Fehler begehen, Datenerhebung und Beurteilung miteinander zu verbinden. Würde der Erzieher diese beiden Punkte nicht voneinander trennen, so besteht nicht nur die große Gefahr, ungenau vorzugehen, sondern es wird damit ein Schritt getan, subjektive Ansichten einfließen zu lassen und die Beobachtung zu manipulieren. Damit würde aber einer umfassenden, möglichst objektiven Beurteilung der Boden entzogen werden. Je länger eine Aufzeichnung der erfaßten Beobachtungen hinausgezögert wird, desto ungenauer werden die fixierten Daten, und umso mehr Einzelheiten und Einzelaspekte des Verhaltens werden vergessen. Ebenso gelingt es dem Beobachter nicht mehr, objektive Daten wiederzugeben, weil sich in der Zwischenzeit Bewertungen einschleichen können und Erlebnisse die Beobachtungen beeinflussen und z.B. eine Deutung verändern. Hat der Erzieher in der Beobachtungszeit pädagogische Maßnahmen eingeführt, um z.B. seine Beobachtungen zu ergänzen, so sollte dies in der Beurteilung enthalten und genau aufgeführt sein.

Wie schon erwähnt, sollte bei einer bestimmten Aufgaben-/Fragestellung in der Hauptsache das erläutert und erfaßt sein, worauf es ankommt. Es ist in diesem Falle also nicht ein erstrebenswertes Ziel, möglichst viel zu beschreiben oder zu erwähnen, sondern nur das zu erfassen, was der spezifischen Fragestellung dient und für sie wichtig ist. Die Beurteilung sollte vor allem treffend ausgedrückt sein, mißverständliche Beschreibungen ebenso nicht enthalten wie unsachliche Bemerkungen.

Bei der Analyse des Autors von Beurteilungen von Kindern und Jugendlichen fiel besonders auf, daß negative Beurteilungen in vielen Fällen überwogen. Nach Ansicht des Autors sollte im Gegensatz dazu aber eher eine Beurteilung positive Bemerkungen enthalten, um z.B. an Ansätzen von angemessenen Verhaltensweisen weiterzuarbeiten.

Der Erzieher sollte nicht die Persönlichkeit des Kindes/des Jugendlichen dadurch charakterisieren, daß er Persönlichkeitsmerkmale, Verhaltenseigenschaften und Fähigkeiten lediglich summiert und aneinanderreiht. Der Leser dieser Beurteilung würde lediglich durch die Menge der aufgelisteten Verhaltensweisen, die in diesem Falle auch nicht in direkter Beziehung zueinander stehen können, verwirrt und überfordert werden. Es ist daher unumgänglich, daß z.B. bestimmende Persönlichkeitsmerkmale im Verhältnis zu nicht charakteristischen Eigenschaften gewichtet und verbal ausgeführt werden. Verhaltensweisen sollten im Zusammenhang mit bestimmten Situationen aufgeführt werden.

Aus der Analyse vieler Beurteilungen (Jugendamt, Schule, Kindergarten) und den direkten Erfahrungen mit den betreffenden Kindern und Jugendlichen, die der Autor während seiner Arbeit gesammelt hat, sind es vor allem folgende subjektive Bedingungen des Beurteilers, die die Objektivität einer Beurteilung ganz erheblich beeinträchtigen können:

— Oftmals wird vorschnell von einer beobachteten Verhaltensweise auf die vermutlich dahinterstehende "Eigenschaft" geschlossen. Wenn ein Kind zum Beispiel einige Male zu spät kommt, braucht es deshalb noch lange nicht "unpünktlich" oder "demotiviert" zu sein, zumal das Zuspätkommen durchaus entschuldbare Gründe haben kann.

— Der Beurteiler sollte nicht seine eigene Wesensart als Maßstab für die Einschätzung und Beurteilung der Kinder und Jugendlichen wählen. Er sollte sich bemühen, dies selber zu erkennen und zu bearbeiten. Wenn bei ihm zum Beispiel selbst eine Menge ungelöster Probleme im Vordergrund stehen, sieht er die Kinder und Jugendlichen schnell durch seine entsprechend gefärbte Brille.

— Ebenso ergeben sich oftmals Fehler aus der nicht zulässigen Übertragung von Beobachtungen aus einem Beobachtungsbereich in einen anderen. Erzieher oder Lehrer neigen leicht dazu, zum Beispiel einem fleißig mitarbeitenden Kind auch in seinem Gesamtverhalten eine nachsichtigere und bessere Beurteilung zu geben; dies geschieht ebenso in umgekehrter Folge. Was bei diesen Kindern und Jugendlichen zu einer besseren Gesamteinschätzung führt, bringt Kinder, die zum Beispiel in einem Bereich Schwierigkeiten zeigen, eine Abwertung in der Gesamteinschätzung ein.

— Leider fallen Beurteilungen oftmals nach dem ersten Eindruck des Beurteilers aus, obgleich er in den meisten Fällen sehr einseitig, oberflächlich und falsch ist. Diese einmal im Gedächtnis bestehende Einstellung beeinflußt daher nicht nur die Beurteilung, sondern auch die gesamte Blickrichtung, unter der das Datenbeschaffungsmaterial gewonnen und ausgewertet wird.

— Eine Beurteilung darf nicht von eindeutiger Antipathie oder Sympathie durchdrungen sein. Einmal unangenehme Erlebnisse mit dem zu Beurteilenden führen dann schnell zu sehr einseitigen Aussagen und werden zum Beispiel durch Vorurteile von Kollegen oder "den Ruf" des Kindes/Jugendlichen manifestiert. Positive Verhaltensweisen werden als selbstverständlich angesehen und negative überwiegen, so daß schnell aus einer Beurteilung ein Sündenregister werden kann. Dies allerdings darf in keinem Fall eine Beurteilung beinhalten.

— Häufig wird auch das Offensichtlichste, Deutlichste, das dem Beobachter auffällt, festgehalten, obgleich dies nicht immer das Wesentlichste ist. Dies passiert gerade bei der unstrukturierten Beobachtung, und versteckte Hinweise, die uns zum Beispiel ganz entscheidende Auskünfte über soziales Verhalten in der betreffenden Gruppe zu geben vermögen, bleiben unberücksichtigt.

— Bei einer Beurteilung von bestimmten Verhaltensweisen der Kinder und Jugendlichen werden oftmals die Besonderheiten, die beim Beurteiler stark ausgeprägt sind, bei dem zu Beurteilenden unterschätzt und diejenigen, die dem Beurteiler fehlen, bei den anderen zum Teil erheblich überschätzt.

Diese Fehlermöglichkeiten mußten noch einmal genannt werden, um die große Bedeutung einer Beurteilung herauszustellen und dem Beurteiler bewußt zu machen, daß nur das Wissen um bestimmte Beurteilungsfehler und ihre Vermeidung dazu beitragen kann, seine Aussagen möglichst objektiv zu machen.

142

Bedingungsfaktoren/-gefüge für "Beobachter-Verhalten"

Massenmedien
- TV
- Zeitschriften
  und Literatur
- . . . .

Werte und Normen
der Gesellschaft

Aufgabenstellung und
-durchführung hinsicht-
lich der Beobachtung

"Beobachtungsergebnis"

Institutionelle Situation
- Methodik/Didaktik der
  Arbeit
- Beziehung zu den
  Arbeitskollegen
- Beziehung zum Klientel
- Arbeitsplatzsituation
  (Raumgestaltung, Lage ...)
- Arbeitsmittel

Person/'Persönlichkeit'
des Beobachters
- seine 'Persönlichkeitsstruktur'
- berufliches Können
- berufliche Erfahrung (!?)
- Einstellung zum Beruf
- Einstellung zum zu Beobachtenden
- Einstellung zu sich selbst und
  seinem Können
- eigene Sozialisation
- Interaktion/Interaktionsstruktur
  zu Freunden, Bek.
- Zugehörigkeit zu Gruppen
- Faktoren der sozialen Umwelt,
  wie mglw.:
  Lage/Größe der Wohnung
  Infrastruktur des Wohnortes
- körperliche/organische/gesund-
  heitliche Konstitution

Berufliche/Persönliche
"Fortbildung"

4.1 Anmerkungen zur Beurteilung behinderter Kinder und Jugendlicher

Bei der Persönlichkeitsbeurteilung von behinderten Kindern und Jugendlichen muß der Erzieher versuchen, festzuhalten, wie die Gesamtpersönlichkeit des zu Beurteilenden durch seine Behinderung beeinflußt und geprägt ist.

Bei der Beurteilung von Geistigbehinderten muß der Sonderschullehrer eine tatsächlich vorhandene Debilität nachweisen und von den Kindern abzuheben wissen, bei denen Lernschwierigkeiten und Mängel im Leistungsbereich auf Verhaltensstörungen oder schwere Sozialisationsdefizite, Entwicklungsverzögerungen oder neurotische Lernhemmungen zurückzuführen sind. Und gerade die Beurteilung Mehrfachbehinderter verlangt von dem Pädagogen umfassende Kenntnis aus den Bereichen Pädagogik, Psychologie und Teilen der Medizin. Er sollte aufgrund seiner Erfahrung in der Differenzialdiagnostik die spezifische Behinderung des betreffenden Kindes und Jugendlichen wahrnehmen und beurteilen können. Diese ist in der besonderen Eigenart der Denkoperationen auf spezifischen Erkenntnisebenen, in der Begriffs- und Sprachentwicklung, Lerngewohnheiten und -fertigkeiten, Lerneinstellungen, im Denken (Auffassungsfähigkeit, Abstraktionsfähigkeit, Kombinationsfähigkeit), des Denkleistungsverhaltens, der Konzentration und der Beobachtungsfähigkeit festzustellen und für eine Beurteilung festzuhalten. Alle diese intellektuellen Behinderungen haben auch ihren Niederschlag auf das Verhalten, so daß auch das Sozialverhalten, die Motorik und die Gefühlsprozesse mit in die Beobachtung und die daraus resultierende Beurteilung aufgenommen werden.

Bei der Beurteilung von körperbehindertern Kindern und Jugendlichen sollte der Sonderschulpädagoge vor allem beobachten, wie sich die spezifische Körperbehinderung durch die Einschränkung der allgemeinen Aktivität auf die Gesamtentwicklung hemmend, behindernd oder einseitig gestaltend ausgewirkt hat. Fragen, inwieweit die sprachliche Entwicklung zurückgeblieben, die Entwicklung des Gefühlslebens, die mitmenschliche Bindungsfähigkeit, Handlungseigenschaften und ihre Ausführung, Entwicklung der Begriffs- und Vorstellungsfähigkeit und die Defizite im Erfahrungsbereich ausgebildet sind, müssen in der Beurteilung genau erfaßt sein, um z.B. Aussagen über Entwicklungsverzögerungen *oder* Entwicklungsschädigungen *oder* Entwicklungsstörungen *oder* Entwicklungsunterbrechungen treffend darstellen zu können.

Bei der Beurteilung von sprachbehinderten Kindern ist die Beobachtung zunächst auf die Erkennung der Ursachen ausgerichtet, die ihr Entstehen bedingt haben. Es seien hier nur kurz die wichtigsten festzuhaltenden Fakten erwähnt:

- einfach verzögerte Sprachentwicklung?
- erblich verzögerte Sprachentwicklung?
- Defekte der Sprechorgane?
- Defekte der Hörorgane?
- Schädigungen des Gehirns?
- ungünstige Sozialisationsbedingungen/-einflüsse?

Weiterhin kann die Beobachtung erfassen, welche Auftrittsform des Stotterns vorliegt, (z.B. Verzögerung bei der Aussprache einzelner Buchstaben, Wiederholung von Wort und/oder Satzeinheiten, Zwischenschiebungen inadäquater Laute, langandauernde Verkrampfung der Sprechmuskulatur), ob es Stammeln oder Poltern ist, welche Stimuli die Furcht vor sprechimmanenten/sprechsituativen Faktoren erzeugen (Furcht vor bestimmten Wörtern oder Satzteilen, vor bestimmten Buchstaben, vor bestimmten Merkmalen der Gesprächspartner, bei bestimmten Vorstellungs- und Gedankeninhalten) und welche Auswirkungen auf die Persönlichkeit (z.B. Grundstimmung, Selbstwertgefühl, Interessen, Vitalität, mitmenschliche Bindungsfähigkeit, Mimik) mit der Sprachbehinderung einhergehen.

Bei der Beurteilung von schwerhörigen oder gehörlosen Kindern und Jugendlichen spielt die ohrenärztliche Untersuchung und die Diagnose der Hörfähigkeit für die Beurteilung der allgemeinen Fertigkeiten und Fähigkeiten sowie ihre Entwicklungsmöglichkeiten eine ganz besondere Rolle. Durch diese mehr oder weniger stark ausgeprägte Schädigung ist die Art und Weise des Denkens, die Gesamtentwicklung der Sprache (Äußerungsbereitschaft, Tempo/Dynamik/Melodik und Aussprache) und die Begriffs- und Vorstellungswelt sicherlich eingeschränkt, wobei diese Faktoren spezifisch zu beobachten und zu beurteilen sind. Ebenso sollten auch die Auswirkungen der Behinderung auf verschiedene Verhaltensweisen, die Möglichkeiten kompensatorischer Hilfsangebote und der bisherige Verlauf der Behandlung mitbeurteilt werden.

Bei der Beurteilung von sehbehinderten Kindern und Jugendlichen ist die pädagogische Früherfassung vor allem aus dem Grunde so wichtig, weil weniger hochgradig sehbehinderte Kinder mit ihrer Behinderung oftmals nicht früh genug erkannt werden und sie auch in den ersten Schuljahren relativ gut mitkommen. Doch steht fest, daß sie in der Normalschule früher oder später versagen. Hier sollte der Sonderpädagoge in Zusammenarbeit mit dem Augenarzt beobachten und feststellen, wie stark die Auswirkungen der Behinderungen auf die individuelle Aktivität, seine Selbständigkeit, seine Orientierung bei der Erfassung und Verarbeitung der Umwelt und seine Vorstellungs- und Begriffswelt sind. Neben der Erarbeitung kompensatorischer Hilfsmöglichkeiten sollte bei der Beobachtung und Beurteilung ein besonderer Stellenwert dem emotionalen Verhalten des Kindes/des Jugendlichen beigemessen werden, denn gerade diese Art der Behinderung prägt häufig typische "Charaktertypen": der Sehbehinderte ist zurückhaltend und bescheiden, weil er gelernt hat, zurückzustecken und sich mit dem zu begnügen, was er angeboten bekommt. Sie versuchen, sich überall unterzuordnen, weil sie bemüht sind, ihrer Umwelt zu gefallen. Andere sehbehinderte Kinder reagieren oft jähzornig und böse und hinterlassen beim Beobachter einen ständig gereizten Eindruck, weil sie von anderen Kindern z.B. im Spiel ausgeschlossen und zum Außenseiter gemacht werden. Diese — durch die Fehleinstellung der Umwelt (Eltern verkennen die Stärke der Sehbehinderung) — entstandenen Sekundärschäden sind bei zu später Beachtung des Problems kaum auszugleichen, und wenn, dann hilft eine gut abgesicherte Beobachtung und Beurteilung in besonderem Maße.

Schaubild zu den bei der wissenschaftlichen Beobachtung
beteiligten Faktoren

Soziale Umwelt
mit ihren spezifischen
Werten und Normen

Die Aufgabenstellung/Aufgaben-
durchführung mit ihren in ihr
liegenden Problemen

DER BEOBACHTER
mit seinen persönlich-
keitsspezifischen
Faktoren

Der zu BEOBACHTENDE/
zu BEURTEILENDE
mit seinem subjektiven
Erleben der eigenen Per-
son und seiner Umwelt

4.2 Gliederungshilfe für die Erstellung von Beurteilungen

Da Beurteilungen immer durch ihre besonderen Zielsetzungen bestimmt werden, lassen sich keine allgemeingültigen Richtlinien für eine Erstellung angeben. In der pädagogischen Praxis findet man jedoch leider immer wieder Beurteilungen, die einem starren Schema unterworfen sind: Personalangaben, globaler Eindruck, Interaktionsverhalten, besondere Auffälligkeiten. Ihr Nachteil liegt darin, daß bei einem solchen starren Schema keine Gewichtung innerhalb einer Beurteilung zu den einzelnen beobachteten Verhaltensweisen unternommen werden kann. Es wird daher vorgeschlagen, daß eine Beurteilung folgende Gliederungspunkte enthält:

— Darstellung und Erläuterung zur Fragestellung der gewünschten Beurteilung

— Auflistung und Zusammenfassung der verschiedenen Persönlichkeitsbereiche des zu beurteilenden Kindes/Jugendlichen

— Rückschluß von den beobachteten Verhaltensweisen aus den verschiedenen Persönlichkeitsbereichen auf ihre Ursachen und Aufrechterhaltung

— Vorschläge der Weiterführung angefangener Wege zur Verhaltensänderung

— Ausschau für die nahe Zukunft des Kindes/des Jugendlichen

Es hat sich in der Praxis gezeigt, daß eine Beurteilung von Kindern und Jugendlichen effektiv und aufschlußreich für den Adressaten ist, wenn diese Gliederungspunkte enthalten sind.

Diese Gliederungspunkte zeigen folgenden diagnostischen Weg:

Zielsetzung

Ermittlung

Beschreibung

Erklärung

Beurteilung

Hinweise für den Adressaten

Kornmann schlägt folgenden Beurteilungsaufbau vor; seiner Meinung nach tragen Aufbau und Form eines Gutachtens entscheidend zu dessen Informationsgehalt bei.

Förderungsorientiertes sonderpädagogisches Gutachten

"1. Untersuchungsanlaß und Fragestellung

2. Auswahl der diagnostischen Verfahren
3. Durchführung der Untersuchung
4. Darstellung der Ergebnisse
5. Interpretation (Diskussion der Befunde)
6. Abschließende Stellungnahme ..."
(Kornmann, Weinheim/Basel 1977)

Für das ausführliche Gutachten empfiehlt *Bleidick* die folgende Gliederung:

- Anlaß
- Anamnese
- Untersuchungsbericht (Plan, Übersicht über die Untersuchung) mit dem kurzgefaßten "Ergebnis der einzelnen Tests, der Exploration, der Ausdrucksbeobachtung ..."
- Befund mit der Frage: Wie weit ist das Geschehene zu verallgemeinern, zeitlich konstant und in verschiedenen Situationen konsistent?" Der alleinige "Zweck des Befundes ist die Nachzeichnung des Erscheinungsbildes konstanten Verhaltens und dessen charakterologischen Hintergrundes".
- Diagnose mit einem *symptomatologischen* Teil (Ordnung kohärenter Züge zu einem zusammenfassenden Charakterbild) und einem *ätiologischen* Teil (Diskussion der ursächlichen Momente).
- Prognose als Erörterung der möglichen Entwicklung unter Einbezug der Umwelteinwirkungen
(Bleidick, Berlin 1972)

Das Gutachtenschema von *Storz* sieht so aus:

"I. Allgemeines Persönlichkeitsbild

1. Äußeres Erscheinungsbild
   (körperlicher Entwicklungsstand, Pflegezustand, körperliche Besonderheiten)
2. Funktionstüchtigkeit von Auge und Ohr
   (Ergebnisse der Sinnesprüfungen)
3. Motorik
   (evtl. Störungen der Grob- und/oder Feinmotorik) Seitigkeitsdominanz
4. Sprachbehinderungen
5. Wichtige Informationen über die Familien- und Schulsituation
6. Stellung in der sozialen Umwelt
   (Kontaktbereitschaft und Kontaktfähigkeit, Beziehungen zu Familienangehörigen, zu Gleichaltrigen und zur Autorität)
7. Antrieb "Vitalität"

148

(Aktivität, Spontaneität, persönliches Tempo, Unruhe)
8. Steuerung der Antriebe, Arbeitsverhalten
   (Aufmerksamkeit, Konzentration, Ausdauer, Ermüdbarkeit, Anstrengungs-
   bereitschaft, Situationsanpassung)
9. Emotionales Verhalten
   (Gefühlsansprechbarkeit, Stimmung, Selbstgefühl)
10. Konflikte, Hemmungen, Spannungen
    (Mißverhältnis zwischen Anspruch und Leistung, Unsicherheit, Ängstlich-
    keit)

II. Kognitives Verhalten und kognitive Leistungen

(Jedes quantitative Ergebnis muß auf seine Zuverlässigkeit hinterfragt werden;
Krankheit, Prüfungsangst, Einfluß von Medikamenten, Störungen während der
Untersuchung, Testwiederholungen u.a. können das Testergebnis verfälschen.)

1. Schulleistungen
   (Testergebnisse, Zeugnisse)
2. Intelligenzleistung
   a) quantitative Diagnose (IA, IR/IV, IQ, Prozentränge in verschiedenen
      Populationen)
   b) intellektuelle Leistungsstruktur ("Stärken" und "Schwächen")
3. Sprache
   (Redefluß, Wortschatz, Syntax, Grammatik)
4. Phantasie
   (Einfallsreichtum, Originalität, Produktivität)

III. Zusammenfassende Diagnose und Prognose mit pädagogischen Vorschlägen

1. Aus der Zusammenfassung von I und II ergeben sich die Diagnose sowie
   die Prognose, die Fragestellung muß beantwortet werden.
2. Die pädagogischen Vorschläge müssen durch die Diagnose begründet werden."
(Storz 1971)

Kemmler gliedert ihr Gutachten wie folgt:
1. "Grund der Vorstellung"
2. "Äußeres und Verhalten" (Charakterisierung des Probanden, daß er "dem
   Leser plastisch wird").
3. "Zustandsbild" mit den Unterpunkten "Intelligenz, Interessen, Stimmungen
   und Affekte, Bedürfnisse und Motivation, Konflikte, treibende und steuernde
   Kräfte, Weltbild; Konstitution".
4. "Genese", deren Sinn es ist, "die Schlüsse, die man aus der Anamnese gezogen

hat ... an dieser Stelle aufzuzeigen, und zwar so, daß sie das Zustandsbild verdeutlichen, unter Umständen ergänzen und vor allem genetisch erklären".

5. "Diagnose". Es müssen "die Befunde des Zustandsbildes und der Genese in eine fest umrissene Diagnose zusammenfließen. Alle Befunde sollten sich uneingeschränkt zu einem Gesamtbild zusammenfügen (Aufgehen ohne Rest, *Wertheimer*) − obwohl das nicht immer möglich ist."

6. "Prognose" als "kurze Zusammenfassung der voraussehbaren Entwicklungsmöglichkeiten des Probanden sowie der realen Gegebenheiten in dessen Lebensraum, die den Rahmen der Entwicklungsmöglichkeiten abstecken".

7. "Beratungs- und Behandlungsvorschlag". In diesem Punkt wird das "Fazit des Vorhergesagten gezogen ... Dabei sollte deutlich gesagt werden, wen (z.B. Eltern, Lehrer, Jugendführer) man beraten möchte". Dabei sind die "einzelnen Beratungsvorschläge ... gut strukturiert aufzuführen. Einzelne notwendige Maßnahmen (z.B. Verschickung, Heimeinweisung, Nachhilfestunden) sind zu nennen."

Falls eine "Betreuung bzw. Behandlung notwendig" wird, sollte man im einzelnen aufführen, "welcher Art sie sein soll und welcher Therapeut sie am besten durchführen würde".

(Kemmler, Bern/Stuttgart 1974[3])

4.3 Anmerkungen und Erklärungen zum Begriff "Eigenschaft/Verhaltensweise"

Das nun folgende aufgeführte "Inventarium von Verhaltensweisen" soll dem Erzieher helfen, "Persönlichkeitseigenschaften"/"Verhaltensweisen" des Kindes/ Jugendlichen richtig zu erfassen und treffende Bezeichnungen zu finden.

Wir verstehen unter "Eigenschaft" und "Verhaltensweise" relativ andauernde Reaktions- und Aktionsbereitschaften, die sich in bestimmten Verhaltensbereichen in gleichen oder ähnlichen Situationen wiederholen, durch den Verhaltenseffekt ihre Begriffsbezeichnung zugeordnet bekommen, untereinander wechselseitige Beziehungen haben und die Struktur der Persönlichkeit kennzeichnen und ausmachen.

Wenn die Bezeichnung "relativ andauernd" benutzt wird, so bedeutet das, daß "Eigenschaften" entstehen und sich ebenfalls wieder verlernen lassen. "Eigenschaften" sind ebenfalls ständig spezifisch zu sehen und beziehen sich nur auf fest umrissene *Verhaltensbereiche*. So bedeutet z.B. die Eigenschaft eines Kindes, zuverlässig zu sein, nicht, daß es immer zuverlässig ist. Vielleicht ist es nur bei bestimmten Personen oder nur in bestimmten Situationen zuverlässig. Zuverlässiges Verhalten ist für sich gesehen sicherlich positiv zu werten, kann aber in Verbindung mit unentschieden, inkonsequent, zurückgezogen oder unterwürfig durchaus negativ bewertet werden. Und gerade diese Tatsache ist bei der Benutzung des Inventariums zu beachten und zu berücksichtigen. Verwandte Verhaltensweisen sollten daher in ihrem Zusammenwirken gesehen und beurteilt werden. Da viele Verhaltensweisen eine Entwicklung mitmachen und einem Veränderungsprozeß unterworfen sind, muß gerade ihr Erwerb, ihre Veränderung, ihr Verlust beachtet werden. Verhaltensweisen, die sich in der Handlung und durch wiederholtes Ausführen gebildet haben, bleiben dann bestehen, wenn die Handlung positiv motiviert ist bzw. durch Personen, Situationen und sich wiederholende Geschehnisse bzw. bestehende Rahmenbedingungen mehr oder weniger verstärkt wird.

5. Gebrauch eines "Inventariums von Verhaltensweisen"

Das "Inventarium von Verhaltensweisen" dient zur Ergänzung und Hilfe der Datensammlung, die sich aus der Beobachtung herleitet. Es hat den Sinn, Beobachtungen von Verhaltensweisen während der schriftlichen Fixierung schneller erfassen und kennzeichnen zu können. Der Beobachter sollte aber in keinem Fall die aufgeführten Begriffe aneinanderreihen, denn damit wäre das genaue Gegenteil dieser Arbeit erreicht: es käme zu einer rein mechanistischen, aussagelosen Beurteilung und würde damit eine Pädagogik einleiten, die einem perfekten Funktionalismus gleichkäme und jede Dynamik verlöre. Hilft es hingegen, Anregung zu sein, um Verhaltensweisen zu bezeichnen, um Beschreibungen zu ergänzen, so kann der Erzieher von diesem Inventarium sicherlich profitieren.

5.1 "Inventarium von Verhaltensweisen"

Soziale Bindungsfähigkeit

umgänglich — unzugänglich, ablehnend
fürsorglich — gleichgültig
ehrlich, redlich, offen, aufrichtig — unehrlich, unredlich, unaufrichtig, reserviert
hilfsbereit — nur auf sich selbst bedacht
versöhnlich — unversöhnlich
zuvorkommend — herausfordernd
freundlich — unfreundlich
kameradschaftlich — unkameradschaftlich
duldsam — unduldsam, verschwiegen
zuverlässig — unzuverlässig
vertrauensvoll — bedenkenlos
anschlußbereit, offenherzig — verschlossen, schweigsam
ansprechbar, zuwendungsfähig — kalt, nicht ansprechbar
entgegenkommend, hingabebereit — nicht entgegenkommend
liebevoll — abweisend
nett, verbindlich — zurückhaltend, unverbindlich
herzlich — egoistisch, kühl
mitleidsvoll — mitleidslos
gutgläubig — nur auf den eigenen Vorteil bedacht
mitfühlend, teilnehmend — teilnahmslos, schadenfroh
gesellig — ungesellig, scheu, zurückgezogen
taktvoll — taktlos
kontaktfreudig, zugewandt — abgewandt, reserviert
verträglich — unverträglich
liebenswürdig — grob
unvoreingenommen — voreingenommen
vertrauend — mißtrauisch
unaufdringlich — aufdringlich
gutmütig — gefühlskalt
nachsichtig — unerbittlich, unnachsichtig
ungezwungen — gezwungen

Eigene Gefühlsansprechbarkeit

schwach erregbar — stark erregbar
normal belastbar — nicht normal belastbar

breit ansprechbar — schmal ansprechbar
gefühlsbetont — kalt
sensibel, feinfühlig — gefühlsstumpf, gelassen
ansprechbar — verschlossen
begeisterungsfähig, erlebnisfähig — kalt, abweisend
angemessen erregbar — explosiv
tiefgründig — oberflächlich

Gefühlslage, Grundstimmung

aufgeschlossen — verschlossen
unbekümmert — bekümmert
ausgeglichen — unausgeglichen
gutmütig — rigide, starr
übermütig — ängstlich
froh, fröhlich — bedrückt, schwermütig
vergnügt, lustig — mißmutig, mißvergnügt
heiter — traurig
zuversichtlich — kummervoll, mutlos
freundlich — unfreundlich
kraftvoll, robust — weinerlich
unbeschwert — niedergeschlagen, deprimiert
leichtlebig — sorgenvoll
realistisch — verträumt
liebenswürdig — grob
gutlaunig — mißlaunig

Erlebnisfähigkeit

reich, breit — arm, eng
nachhaltig, intensiv — schwach, flüchtig
verinnerlicht — oberflächlich

Temperament

zurückhaltend — impulsiv
lebhaft — ruhig, verhalten
beständig — labil
beherrscht — unbeherrscht
ausgeglichen — unausgeglichen
begeistert — gleichgültig

überschwenglich – maßvoll, bedächtig
heftig – zurückhaltend
schwungvoll – bedächtig
affektiv – schwerfällig

Selbstwertgefühl

selbstbewußt, selbstsicher – selbstunsicher
ausgeglichen – unausgeglichen, unzufrieden
nachgiebig – starr, beharrlich
großzügig, freigiebig – kleinlich, geizig
selbstlos – egozentrisch
bescheiden, anspruchslos – maßlos
verzichtend – selbstsüchtig
sachlich, bescheiden, zurückhaltend – geltungsbedürftig, anmaßend
vertrauensvoll – mißtrauisch
mitfühlend, teilnehmend – neidisch, mißgünstig
genügsam – genußsüchtig
natürlich, kritisch – unecht, unkritisch, überheblich
strebsam – ehrgeizig
ehrlich – unehrlich, aufschneidend
optimistisch – pessimistisch

Moralische Gefühle

diszipliniert – undiszipliniert
belehrbar – unbelehrbar
beständig – unbeständig
gewissenhaft, zuverlässig – unzuverlässig, nachlässig, oberflächlich
entschieden, bestimmt – unentschieden, unbestimmt
tolerant, nachsichtg – unnachgiebig, unnachsichtig
wahrheitsliebend – unehrlich
pflichtbewußt, verantwortungsbewußt – verantwortungslos
selbständig – abhängig
beeinflußbar – unbeeinflußbar
einordnungsfähig – starr, widerstrebend
versöhnlich – unversöhnlich
anpassungsfähig – ablehnend, nicht anpassungsfähig
begeisterungsfähig – begeisterungsunfähig

156

Willenssteuerung

beherrscht — unbeherrscht
zielbewußt, zielsicher — ziellos
entschlossen, entschlußfreudig — unentschlossen, entschlußunfreudig
selbständig — unselbständig
willensstark, willensfest — schwankend, unentschlossen
beeinflußbar — unbeeinflußbar
unermüdlich — bequem, träge
entschieden, unbeirrbar — unschlüssig, unentschieden
fest, sicher — unsicher, lasch
strebsam — wenig strebsam
energisch — unschlüssig

Denkprozesse, Denkeigenschaften

Anprechbarkeit
aufnahmebereit, aufgeschlossen — abblockend, ablehnend
denkbereit — träge
leicht ansprechbar — schwerfällig, schwer ansprechbar
wißbegierig — uninteressiert

Urteilsfähigkeit, Einsicht
urteilsfähig — urteilsunfähig
einsichtsvoll — uneinsichtig

Selbständigkeit
selbständig — unselbständig
selbstbewußt — unsicher
beeinflußbar, anpassungsbereit — unbeeinflußbar, starr
kreativ, produktiv — unflexibel, unproduktiv

Abstraktionsfähigkeit
begriffsklar — begriffsunklar
logisch — unlogisch
sprachlich logisch — bildhaft anschaulich
treffend — verschwommen, weitschweifig
klar, sicher — unklar, unsicher
abstrakt — konkret

Tempo
gleichmäßig — überstürzt, hektisch, hastig
fließend — stockend

schnell — langsam schleppend, träge

Kombinationsfähigkeit
vielseitig — einseitig
treffend — unzutreffend, fahrig
einfallsreich — einfallslos, einfallsarm
beweglich — unbeweglich

Auffassungsfähigkeit
besonnen, überlegend, bedächtig — unüberlegt, unbesonnen, überstürzt
kritisch — unkritisch
schnell — langsam
umfassend — nur Einzelheiten erfassend
tiefgreifend — oberflächlich
leicht — schwerfällig
vielseitig — einseitig
das Wesentliche erfassend — am Unwesentlichen bleibend
klar, genau — unklar, verschwommen, ungenau
aufgeschlossen, aufgeweckt — uninteressiert, gleichgültig

Zielplanung
klar, zielbewußt, sicher — unklar, ziellos, abschweifend
folgerichtig — planlos
zielgerichtet — zielungerichtet
beharrlich — lustlos, träge
ausdauernd — schnell Ziel aufsteckend, aufgebend
gesteuert — ungesteuert
systematisch — unsystematisch
zweckmäßig — unzweckmäßig
methodisch klar — methodisch unklar

Analytische/synthetische Flexibilität
ganzheitlich — teilheitlich
zerlegend, vergleichend, zergliedernd, analysierend — global, oberflächlich
systematisch — unsystematisch, in Einzelheiten steckenbleibend

Gründlichkeit
gründlich, intensiv — oberflächlich
präzise, genau durchdacht — unpräzise, nicht durchdacht, oberflächlich
sorgfältig — unsorgfältig

Objektivität
objektiv — voreingenommen, unsachlich

rational — emotional
sachlich, real — verschwommen, irreal

Lernmotivation
lernbegierig — lernunlustig
lernzugänglich — lernunzugänglich
problemorientiert — problemuninteressiert
wißbegierig — interessenlos
aufnahmebereit, aufnahmefähig — nicht aufnahmebereit, nicht aufnahmefähig
willig — gleichgültig

Wahrnehmung
beweglich — schwerfällig
genau — ungenau
geordnet — planlos
vielseitig — einseitig
umfassend — oberflächlich, an Einzelheiten aufhaltend
interessiert — gleichgültig
kritisch — unkritisch
selbständig — unselbständig
zielgerichtet — ungeordnet
konzentriert, intensiv — unkonzentriert, flüchtig
ganzheitlich zusammenfassend — teilheitlich erfassend
klar — unklar, verschwommen

Gedächtnisleistung

Einprägen
gewissenhaft, genau — oberflächlich, ungenau
logisch — rein mechanisch
schnell — langsam
sicher — unsicher

Behalten
genau — ungenau
flüssig — schwerfällig, stockend
selbständig — unselbständig
dauerhaft, langzeitig — unbeständig, kurzzeitig
beständig — vergeßlich
umfassend — oberflächlich
verläßlich — unzuverläßlich

Reproduzieren
selbständig – unselbständig
präzise – ungenau
umfassend – bruchstückhaft, lückenhaft
elastisch – zäh
schnell – langsam

Konzentration und Aufmerksamkeit

aufmerksam – unaufmerksam
konzentriert – unkonzentriert
intensiv – oberflächlich, flüchtig
gesteuert, gerichtet – ungesteuert, ungerichtet, sprunghaft
gleichmäßig – ungleichmäßig
willkürlich – unwillkürlich
neu einstellungsfähig – unbeweglich, wenig flexibel
umfassend – eingeengt, begrenzt

Antriebsprozesse

Interessen
Arten von Interessen:
künstlerische, sportliche, Berufs-, Schul-, Spiel-, Leseinteressen
Intensität:
ausgeprägt – unausgeprägt
Umfang:
breit, umfassend, vielseitig – einseitig, eingeschränkt
Kontinuität:
dauerhaft, anhaltend – sporadisch, wechselnd

Lernmotive
Struktur:
einfach, überblickbar – kompliziert, unüberblickbar
Wirkung:
wirksam – wirkungslos
Differenziertheit:
vielseitig – einseitig
Ausprägungsgrad:
klar, prägnant – unbestimmt, verschwommen

Vitalität

impulsiv — zögernd
lebhaft — langsam
einsatzfreudig, tatkräftig — passiv, zurückhaltend
ruhig, besonnen — hektisch, hastig
eifrig — gleichgültig
schwungvoll — schwunglos
flink, beweglich — langweilig, langsam

Sozialverhalten

gruppenangepaßt — gruppenunangepaßt
erzieherisch gut ansprechbar — erzieherisch schwer ansprechbar
anpassungsbereit — anpassungsunwillig
selbständig, bewußt diszipliniert — unselbständig, unzuverlässig
lenkend, bestimmend — mitlaufend
entscheidungsfreudig — entscheidungsunfreudig
Normen einhalten — labil, gegen Normen verstoßend
sicher in neuen sozialen Situationen — unsicher in neuen sozialen Situationen
bereit und bemüht, in der Gruppe konstruktiv mitzuerziehen — wenig oder nicht
bereit, positiv auf die Gruppe einzuwirken
in der Gruppe beliebt — in der Gruppe unbeliebt
rücksichtsvoll — rücksichtslos
angesehen — ausgelacht
positive Gruppenprozesse fördernd — positive Gruppenprozesse hindernd
in der Gruppe geachtet und anerkannt — in der Gruppe nicht geachtet und nicht
anerkannt
ausgeglichen — unausgeglichen
einfach — kompliziert
in der Gruppe Ruhe ausstrahlend — in der Gruppe Unruhe ausstrahlend

Mimik

gelassen, ruhig, beherrscht — nervös, unruhig, verzerrt
lebhaft — müde
offen — verschlossen, verkrampft
entspannt — verspannt
freundlich — abweisend, abwehrend
weich — hart

Handlungseigenschaften, -ausführungen

geschickt – ungeschickt
beweglich – unbeweglich
ausdauernd – nicht ausdauernd
schnell – langsam
kräftig – kraftlos
elastisch – unelastisch
präzis, genau – unpräzis, ungenau
rhythmisch – unrhythmisch
locker, flüssig – eckig, schleppend
ausgewogen, harmonsich – unausgewogen, disharmonisch
kräftig – schwach
flink, wendig – schwerfällig, nicht wendig
koordiniert – unkoordiniert
steuerungsfähig – steuerungsunfähig
anpassungsfähig – anpassungsunfähig
gleichmäßig – ungleichmäßig, überstürzt, hastig
wendig – unbeweglich
leistungsfähig, leistungsstark – leistungsbeeinträchtigt, leistungsschwach, leistungs-
unfähig
beeinflußbar – nicht beeinflußbar
umsichtig – eingeengt, überblicksarm
sorgsam, sorgfältig, gründlich – flüchtig, nachlässig
einfallsreich – einfallsarm
bedacht, überlegend – unbedacht, übereilt, unüberlegt
systematisch – unsystematisch
selbstsicher, selbständig – ängstlich, unsicher, wenig/nicht selbstbewußt
gleichmäßig – sprunghaft
probierend – schnell aufgebend
optimistisch – resignierend, schnell verzagend
planvoll – planlos
gezielt – zufällig
zuverlässig – unzuverlässig
schaffensfreudig – träge
entschlossen – unentschlossen
geduldig – ungeduldig
tätig – untätig
ruhig, besonnen – impulsiv, überstürzt

ausdauernd — schnell ermüdend
energisch — wechselhaft
stetig — unbeständig

Sprache

Sprachbereitschaft
offen — verschlossen
freimütig — zurückhaltend
äußerungsbereit — verschwiegen, ungesprächig
bescheiden — großsprecherisch

Aussprache
deutlich — undeutlich
gewandt — unbeholfen
sorgfältig — sorglos
wortgewandt — wortarm
korrekt artikuliert — undeutlich, verwaschen
fließend — stockend
ungehemmt — gehemmt (Sprachfehler)

Tempo
gleichmäßig — ungleichmäßig
schnell — langsam
flüssig — stockend
rhythmisch — arhythmisch

Melodik
wohlklingend — grell
leise — laut
tönend — tonlos
warm — kalt
hoch — tief
variabel — monoton
klangvoll — klanglos
beherrscht — unbeherrscht

Inhalt
einfallsreich — einfallsarm
inhaltlich klar — unklar
treffend — ausschweifend
sachlich — unsachlich, falsch

überlegt — unüberlegt

tiefschürfend — oberflächlich

aussagehaltig — inhaltsarm

nüchtern — umständlich, verworren

Die Beurteilung erfaßt keinen unveränderlichen Zustand, sondern immer nur einen augenblicklichen, nur zu dieser Zeit beobachtbaren Entwicklungszustand, der in seiner Bedeutung nur dann völlig richtig eingeschätzt werden kann, wenn ein Bezug zur unmittelbaren und weiteren Vergangenheit besteht und spezifische Hinweise auf die Auswirkungen bisheriger sozialpädagogischer Maßnahmen gegeben werden.

Wenn der Leser dieser Arbeit Beispiele zu den Methoden der Datenbeschaffung und zur Beurteilung der Kinder und Jugendlichen vermißt, so ist es kein Versäumnis des Autors, sondern Absicht, um nämlich dadurch Beurteilungsschemata zu vermeiden, denn jede Beurteilung stellt einen individuellen Einzelfall dar, bei dem eine Schematisierung der Beobachtungs- und Beurteilungsergebnisse nur stören würde.

Bevor der Beobachter beginnt, Verhalten von Kindern/Jugendlichen zu beobachten und zu beurteilen, sollte er eines immer beachten, nämlich, daß sich das Verhalten der Kinder und Jugendlichen aus einer Summe von Faktoren und Bedingungen zusammensetzt, wobei es unwissenschaftlich ist, bestimmte Verhaltensweisen linear auf lediglich eine bestimmte Bedingung zurückzuführen zu wollen, denn es handelt sich nahezu immer um ein Bedingungsgefüge, dessen Einzelfaktoren in einer ständigen Wechselwirkung zueinander stehen.

Diese Erkenntnis sollte den Beobachter davor schützen, z.B. unangemessenes Verhalten von Kindern/Jugendlichen zu verurteilen, ihm seine Verhaltensauffälligkeiten "persönlich übelzunehmen", dem Kind/Jugendlichen sein Verhalten persönlich anzulasten, ohne sich z.B. selber als einen möglichen Faktor für ein bestimmtes Verhalten des Kindes anzusehen und miteinzubeziehen.

So sind zum Beispiel die sozialen Beziehungen in der Gruppe in hohem Maße von der Arbeit und dem Verhalten des Erziehers abhängig, so daß man sagen kann, daß der Erzieher mit seinem pädagogischen Verhalten, mit seinen charakterlichen Qualitäten und seinen fachlichen Leistungen das Verhalten der Kinder/Jugendlichen ganz entscheidend mitbestimmt. Ist der Erzieher in der Hilfestellung/der Anleitung der Kinder geduldig und hilfsbereit, hat er Vertrauen zu den Kindern, zieht er alle Kinder zur Mitarbeit heran, zeigt er Interesse an ihren Problemen, nimmt er ihre Meinungen ernst, zeigt er Sinn für Humor und Spaß, praktiziert er Freundlichkeit, Gerechtigkeit und angemessene Rücksichtnahme, so entwickelt sich in der Gruppe eine angenehme Atmosphäre, die sich durchaus positiv auf das Verhalten der Kinder/Jugendlichen auswirkt.

Bedingungsgefüge für das Verhalten von Kindern/Jugendlichen

Situation im Kindergarten/ in der Schule

zum Beispiel:
Methodik/Didaktik der
Arbeit des Erziehers/der
Institution
Beziehung zum Erzieher
Beziehung zu den anderen
Kindern und Jugendlichen
Gruppengröße
Raumgestaltung
Arbeitsmittel
Zusammenarbeit/Kommuni-
kation der Erzieher untereinander

Erzieher/Lehrer

zum Beispiel:
seine Persönlichkeitsstruktur
berufliche Erfahrung
berufliches Können
Einstellung zum Beruf
Einstellung zum Kind

spezifisches Verhalten
des Kindes/des Jugendlichen

Persönlichkeitsbereich des Kindes/Jugendl.

zum Beispiel:
Begabungsschwerpunkte
Interessen
Begabungsausfälle
Verhaltensauffälligkeiten
Einstellung zu sich
Einstellung zu den anderen

Familie

zum Beispiel:
Struktur (unvollständig)
Spannungen in der Familie
Erziehungsstile
Erziehungsmittel
Einstellung der Eltern zu sich
selbst, zum Kind
Berufstätigkeit der Eltern
Milieubedingungen (z.B. Wohnung)

Körperlicher Bereich
zum Beispiel:
Lebensweg (Geburt, Krankheit)
Gesundheitszustand
körperliche Behinderung

6. Erziehungsplanung auf der Grundlage von Beobachtung — oder: Die Verwirklichung der Achtung und Berücksichtigung der Individualität des einzelnen Kindes/Jugendlichen

Wenn abweichendes Verhalten als von der Gesellschaft geschaffen angesehen werden kann/muß und sie gleichzeitig Kategorien schafft und Regeln aufstellt, deren Übertretung wiederum abweichendes Verhalten festsetzt, dann hat der Erzieher die Aufgabe, die Berücksichtigung der Individualität des Kindes wiederherzustellen, indem er seine Erziehungsarbeit planvoll durchführt und mit an der Veränderung 'krankmachender Bedingungen' arbeitet.

Aufgrund der Zunahme derjenigen Kinder, die Verhaltens- und Erlebnisstörungen zeigen, hat der Erzieher nur dann eine Existenzberechtigung (in seiner Arbeit), wenn er geplant und systematisch seine Tätigkeit ausführt!

Dies geschieht in der Regel auf zwei Ebenen:

a) Förderung des Kindes und
b) Veränderung der Ursachen bzw. auslösenden Faktoren für das Auftreten der Verhaltens- und Erlebnisstörungen in der direkten und indirekten Umwelt des Kindes.

6.1 Beschreibung des Begriffes "Erziehungsplanung"

Institutionelle Erziehung, sei es im Hort, Heim, Kindergarten oder in der Schule geschieht entweder in der Arbeit am Individuum oder in der Gruppe; das heißt, daß einerseits soziale Einzelfallhilfe, andererseits soziale Gruppenarbeit geleistet wird. Da jeder Erzieher aufgrund berufspolitischer Aufgaben und vor allem durch sein Intersse am Kind dazu verpflichtet ist, jedem Kind das Erziehungsangebot zu machen, durch das seine Bedürfnisse befriedigt und seine Fähigkeiten ausgebaut werden, scheint eine Erziehungsplanung notwendig und hilfreich zu sein.

Unter Erziehungsplanung kann ein gezieltes Vorgehen in der pädagogischen Arbeit verstanden werden, das über eine längere Zeit Gültigkeit besitzt und in seiner Durchführung über einen ausgedehnten Zeitraum zielgerichtet angewendet wird. Der Erziehungsplan selbst ist als das Resultat eines abgesicherten Konstruktes anzusehen, das auf das jeweilige Kind in seinen Erziehungsvoraussetzungen und Entwicklungsmöglichkeiten abgestimmt ist; aufgrund des mit dem Erziehungsplan verfolgten Zieles muß der Erziehungsplan jederzeit veränderbar sein, um eine Förderung und Veränderung von Verhaltens- und Erlebnisstörungen zu gewährleisten; zum dritten zeichnet sich eine Erziehungsplanung dadurch aus, daß sie in Zusammenarbeit mit allen Mitarbeitern abgesprochen ist und sie durch die an der Erziehung beteiligten Personen nicht zunichte gemacht wird.

6.2 Anlässe einer Erziehungsplanung

Es erscheint mir notwendig, verschiedene Anlässe einer Erziehungsplanung aufzuzeigen:

1) Erziehungsplanung bei besonderen Anlässen (z.B. Einzelförderung)

2) Erziehungsplanung bei besonderen Anlässen aufgrund ungünstiger gruppenpädagogischer Prozesse (soziale Gruppenarbeit z.B. zur Veränderung starrer Rollenzuweisungen in Gruppen)

3) Erziehungsplanung bei der Aufnahme eines Kindes in die Institution

4) Erziehungsplanung als Konzept für die Gesamtarbeit

5) Erziehungsplanung als Notwendigkeit vor einem besonderen Anlaß (z.B. Übergang Kindergarten – Schule, Wechsel im Besuch einer Institution aufgrund Wohnortveränderung, ...)

In allen genannten Möglichkeiten ist der Anlaß für eine Erziehungsplanung dadurch gegeben, daß entweder aufgrund zu beobachtender Auffälligkeiten im Verhaltens- und Erlebnisbereich des Kindes pädagogische Arbeit zielgerichtet angezeigt ist oder der Erzieher aufgrund neuer Situationen für das Kind und ihn selbst seine Tätigkeit reflektieren und konzeptionell überarbeiten sowie zielfixiert ausrichten muß, um letztlich die eigene Arbeit für sich transparent und damit für das Kind 'individuumzentriert' zu gestalten.

6.3 Ausführungen zu den an einer Erziehungsplanung beteiligten Grobfaktoren

Erziehungsplanung ist das Produkt eines geplanten Vorgehens: das heißt, daß zunächst überlegt werden muß, welche Grobfaktoren eine Erziehungsplanung als Ergebnis seiner Einflußgrößen ausmachen. (In der Abbildung 1 wurde der Versuch unternommen, die Grobfaktoren (= Einflußgrößen auf eine Erziehungsplanung) zu benennen und auszuführen. Dabei stellt die Anordnung keine Reihenfolge hinsichtlich einer Wertung dar!)

Im folgenden sollen die genannten Punkte näher erklärt werden:

– 'Ziel': Frage an den Erzieher, wohin seine Erziehungsplanung zielt und wozu sie dem Kind dient!

Das bedeutet, daß das Ziel einer Erziehungsplanung operationalisiert werden muß, weil nur dadurch eine genaue Zielsetzung erreicht werden kann und das Ziel selbst wiederum überprüfbar ist. Richt-, Grob- und Feinziele werden mit

Hilfe von Worten ausformuliert, damit der Erzieher weiß, wohin er 'zielt'. Das wiederum erleichtert es ihm, Änderungen leichter zu präzisieren und neu zu formulieren. Ein weiterer Vorteil operationalisierter Ziele liegt dann in der Erleichterung der Auswahl des Lernstoffes, weil es zur klaren Gliederung zwingt. Unter Umständen ist damit auch schon die Grundlage für Methodenentscheidungen gegeben.

— 'Person/Persönlichkeit des Erziehers': Frage an den Erzieher, welches soziale Bewußtsein er für die pädagogische Arbeit am Kind hat, welche Persönlichkeitsvariablen günstig bzw. ungünstig für seine geplante Erziehungsarbeit sind (Selbsterfahrung und Selbstreflexion), welche Ausbildung er hat und welche Fort- und Weiterbildungsveranstaltungen seine Qualifikation ausmachen. Außerdem muß die Frage im Vordergrund stehen, welche Beziehung zwischen ihm und dem Kind besteht! Versteht er tatsächlich die vom Kind erlebte konflikthafte Lebenssituation, kann er sie umfassend wahrnehmen, erkennt er den Grund der Verhaltens- und Erlebnisstörungen, kann der Erzieher anstelle des Kindes das fühlen und denken, was es selbst erlebt? — Das heißt, daß der Erzieher nicht nur 'Fremdverstehen' muß, sondern gerade auch sich 'Selbstwahrnehmen'. Dieser Behauptung liegt die Annahme zugrunde, daß Menschen nur dann einen Konflikt bei anderen bearbeiten können, wenn sie selbst ihre 'blinden Flecken' erkennen und sie durch Arbeit an der eigenen Person verändern. Eigene Konflikte machen eine Arbeit an Konflikten von Kindern unmöglich und verurteilen eine Erziehungsplanung zum Scheitern.

Weitere Fragen, die sich der Erzieher stellen sollte, wären:

Nehme ich die Beziehung des Kindes zu mir wahr; welche Gefühle löst das Kind in mir aus und was trage ich als Erzieher dazu bei, daß die Verhaltens- und Erlebnisstörungen beim Kind manifest werden?

— 'Inhalt': Frage an den Erzieher, welche gesellschaftlichen Bildungsziele mit der Erziehungsplanung verfolgt werden sollen und welche persönlichen Bildungsziele als pädagogisch notwendig erscheinen. Welche Bildungsinhalte sollen berücksichtig werden, welchen quantitativen Umfang (bezogen auf Zeit und Ziel) umfaßt der Inhalt der Erziehungsplanung. Ist er primär institutionell abhängig oder richtet er sich nach den Erfordernissen des Kindes? Ist der Inhalt so gefaßt, daß er kontrollierbar ist?

— 'Methode': Sind bei der Auswahl der Methode vor allem folgende Gesichtspunkte berücksichtigt:

    — entspricht die Methode dem Alter des Kindes?

- ist die Methode der Lernfähigkeit des Kindes angepaßt?
- verspricht die Methode zielbezogenes Arbeiten?
- ist soziale Einzelfallhilfe oder soziale Gruppenarbeit angezeigt?
- 'Arbeitsgruppe/Team':
  - wieviele Kollegen werden für die direkte Arbeit an dieser Erziehungsplanung benötigt?
  - wie liegt deren Dienstzeit? Sind Dienstumstellungen möglich?
  - wie ist die Ausbildung der Mitarbeiter?
  - ist die Geschlechtszugehörigkeit und das Alter der Mitarbeiter förderlich/hinderlich für die Durchführung der Erziehungsplanung?
  - herrscht Teamarbeit untereinander vor oder konkurrierendes Arbeiten?
  - welche Rolle (aus gruppenpädagogischer Sicht) haben die Mitarbeiter innerhalb der Gruppenstruktur? Werden sie abgelehnt oder akzeptiert?
- 'Medien':
  - welche Medien werden für die Durchführung der Erziehungsplanung gebraucht? Stehen die benötigten Medien dem Erzieher zur Verfügung?
  - besitzt der Erzieher die fachliche Kompetenz für den Umgang mit den Medien und ist eine zeitliche Nutzung der Medien gewährleistet?
  - besteht beim Kind ein Interesse an der Arbeit mit den betreffenden Medien?
  - ist das Medium für das Kind geeignet?
  - inwieweit ist das Medium realitätsgebunden?
- 'Kausale Begründung der Erziehungsplanung':
  - warum ist eine Erziehungsplanung mit den oben beschriebenen Zielen für das Kind notwendig?
- 'Lernpartner':
  - welchen allgemeinen Entwicklungsstand hat das Kind?
  - welche besonderen Verhaltens- und Erlebnisstörungen kennzeichnen das Kind?
  - welche Begabungsschwerpunkte (Lerninteressen) und Begabungsausfälle sind zu beobachten?
  - in welchem sozialen Umfeld ist das Kind aufgewachsen?
  - welche Rolle (aus gruppenpädagogischer Sicht) hat das Kind in der Gruppe?
  - welche Beziehung hat das Kind zum Erzieher?
  - bei körperlich und geistig behinderten Kindern: welche Behinderungsart, welches Ausmaß und welche Sekundärauswirkungen sind beobachtbar?

— 'die den Lernpartner umgebende Gruppe':

    — Gruppengröße und Gruppenzusammensetzung
    — Rolle und Status der einzelnen Gruppenmitglieder
    — Struktur der Gruppe unter Beachtung von Untergruppen
    — Interessen der einzelnen Gruppenmitglieder
    — Motivation der Gruppenmitglieder zur Mitarbeit innerhalb der Erziehungsplanung

— 'Institution':

    — welche Grundkonzeption liegt der pädagogischen Arbeit in der betreffenden Institution zugrunde? Entspricht sie der möglichen Erziehungsplanung?

— 'Institutioneller Rahmen':

    — welche Räume innerhalb und außerhalb der Einrichtung stehen für die Erziehungsplanung zur Verfügung?
    — welche Zeit ist dem Erzieher für die Durchführung der Erziehungsplanung gegeben?
    — wie sieht die Ausstattung der räumlichen Gegebenheiten aus?
    — können mögliche Kosten innerhalb der Erziehungsplanung finanziert werden?

— 'Lernbilanz':

    — besteht durch die Operationalisierung der Lernziele die Möglichkeit zur Überprüfung des "Erfolges einer Erziehungsplanung"?
    a) für den Erzieher (Fremdkontrolle)
    b) für das Kind (Selbstkontrolle)

Halten wir einmal fest, alle diese 'in-puts' haben nicht nur eine Auswirkung auf das Verhalten der Kinder, sondern spielen eine Rolle für den Erfolg einer Erziehungsplanung. Durch die Tatsache, daß sie das Gelingen oder Mißlingen einer Erziehungsplanung mitbestimmen, ist ihre Berücksichtigung nicht nur wichtig, sondern zwingend notwendig.

Der Übersicht halber sei an dieser Stelle eine Abbildung der bei einer Erziehungsplanung zu berücksichtigenden Grobfaktoren aufgeführt.

Grobfaktoren, die bei einer Erziehungsplanung berücksichtigt werden müssen:

'in-puts'

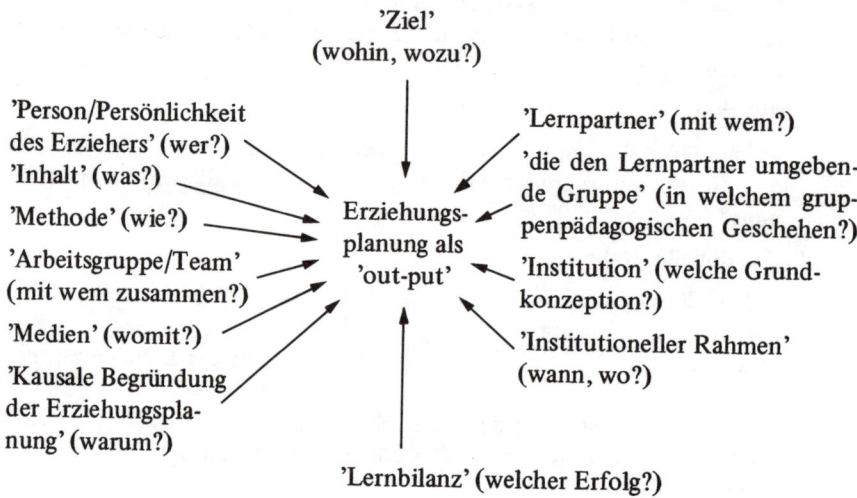

'Ziel'
(wohin, wozu?)

'Person/Persönlichkeit
des Erziehers' (wer?)

'Inhalt' (was?)

'Methode' (wie?)

'Arbeitsgruppe/Team'
(mit wem zusammen?)

'Medien' (womit?)

'Kausale Begründung
der Erziehungspla-
nung' (warum?)

Erziehungs-
planung als
'out-put'

'Lernpartner' (mit wem?)

'die den Lernpartner umgebende Gruppe' (in welchem grup-
penpädagogischen Geschehen?)

'Institution' (welche Grund-
konzeption?)

'Institutioneller Rahmen'
(wann, wo?)

'Lernbilanz' (welcher Erfolg?)

6.4 Methodischer Ablauf einer Erziehungsplanung

Um das Ziel einer Erziehungsplanung, nämlich Förderung des Kindes und Veränderung seiner Verhaltens- und Erlebnisstörungen zu erreichen, ist es für den Erzieher unumgänglich, möglichst alle Faktoren zu erfassen, die das spezifische Verhalten des Kindes beeinflussen und bestimmen. Dies gilt sowohl für direkte Erziehungsmaßnahmen als auch für prophylaktische Aktivitäten.

Wenn wir annehmen, daß menschliches Verhalten ein Produkt seiner spezifischen Umweltsituation unter Berücksichtigung intraindividueller Persönlichkeitsvariablen einerseits und der Wirkung seines Verhaltens auf die Umwelt andererseits ist, dann ergeben sich für die Erziehungsplanung grundsätzlich drei eng miteinander verbundene Aufgaben:

— Analyse des allgemeinen und spezifischen Verhaltens des Kindes und Fixierung der für das Verhalten verantwortlichen Ursachen;

— Versuch einer (Er)Klärung des Verhaltens;

— Sammlung der Möglichkeiten der Intervention und Innovation des Verhaltens.

Ganz besonders soll hierbei auf den ersten Punkt, nämlich auf die Identifizierung der Ursache für auffälliges Verhalten hingewiesen werden: sie ist eine grundlegende Voraussetzung für jede Erziehungsplanung! Damit wird unter anderem deutlich, daß Fragen von Erziehern wie z.B. "Was tue ich, wenn das Kind ....." ihre Existenzberechtigung verlieren. Erziehungsplanung wird nicht selten als Intervention im sozialen Kontext des Kindes, in der Familie oder in der Gruppe gesehen. Sie fördert eine Entwicklung, daß Vorgänge der Isolierung und Stigmatisierung bei einem Kind rückgängig gemacht oder verhindert werden. Da sich die Erziehungsplanung immer an den Situationen orientiert, in denen Probleme des Kindes deutlich werden, muß der Erzieher sowohl die sachlichen Rahmenbedingungen als auch die personellen Gegebenheiten analysieren, Hypothesen zum Auslösungs-/Verursachungsmoment aufstellen und Interventions- sowie Innovationsmöglichkeiten — ausgerichtet an den sachlichen und personellen Möglichkeiten — sammeln und schließlich auswählen. Um noch einmal kurz auf die Ursachen zu sprechen zu kommen: in den wenigsten Fällen liegt der Grund von auffälligem Verhalten im Kind selbst begründet (es sei denn, es liegen Chromosomenanomalien oder Hirnverletzungen vor, Schädigungen während der Geburt oder soziale Deprivation im Säuglingsalter).

Weitaus häufiger ergeben sich die Verhaltens- und Erlebnisstörungen aus der sozialen Umwelt des Kindes und dem elterlichen Erziehungsverhalten einerseits und der sozialen Interaktion mit dem Erzieher und dem institutionellen Feld andererseits.

Vom methodischen Ablauf einer Erziehungsplanung selbst ergibt sich folgendes Bild: Nachdem ein Grund für eine Erziehungsplanung vorliegt, ergibt sich daraus der erste Schritt: das Problem selbst (= der Grund) muß genau beschrieben und exakt formuliert werden, so daß sich der Erzieher über die bestehende Notwendigkeit einer Erziehungsplanung ein Bild verschafft und seine Arbeit legitimiert. Diesem Schritt folgt unmittelbar ein zweiter: der Erzieher muß sich die Frage stellen, ob er für diese Fragestellung grundsätzlich kompetent hinsichtlich einer Bearbeitung ist oder ob das Problem einen anderen Erziehungsplaner erfordert. Bei einer Bejahung der eigenen Kompetenz schließen sich die Phasen der Sammlung von Daten, ihre Auswertung, einer gezielten Planung und ihrer Durchführung sowie ihre ständige Überprüfung an. Wird bei der Kontrolle deutlich, daß die Durchführung nicht zu dem Zielverhalten führt, ist nicht einfach eine neue Planung vorzunehmen, sondern vielmehr muß der Erzieher wieder bei der Phase der Datensammlung beginnen, um möglichst alle Fehlerquellen von Anfang an auszuschalten.

Schon hierbei sei erwähnt, daß der Überblick zum methodischen Ablauf einer Erziehungsplanung sich nicht nur auf die Arbeit mit dem einzelnen Kind bezieht, sondern grundsätzlich auch andere Maßnahmen übernehmen kann wie zum Beispiel 'Erzieher-' oder 'Elterntraining', Wechsel der besuchten Institution oder Kooperationsprogramm mit anderen Institutionen wie Beratungsstellen.

Überblick zum methodischen Ablauf einer Erziehungsplanung

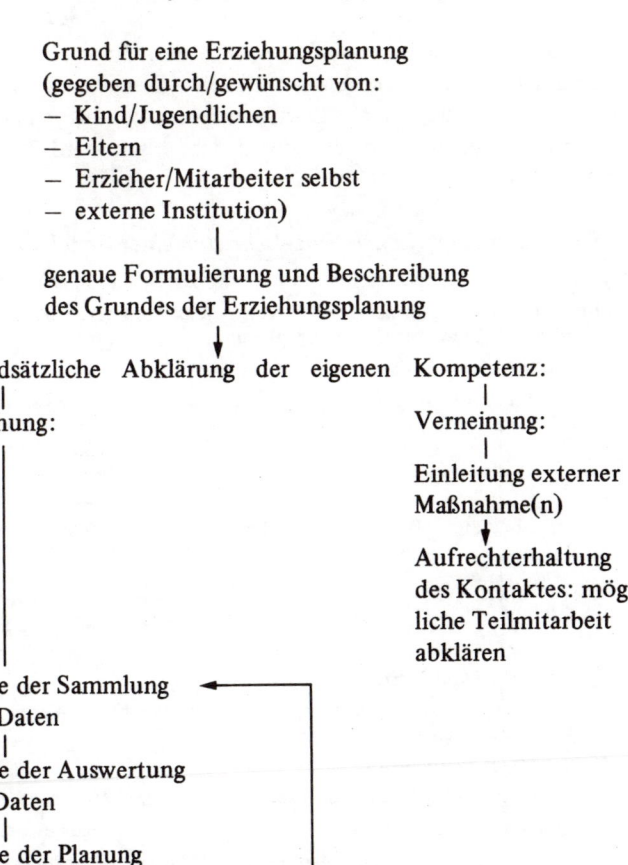

Grund für eine Erziehungsplanung
(gegeben durch/gewünscht von:
— Kind/Jugendlichen
— Eltern
— Erzieher/Mitarbeiter selbst
— externe Institution)

genaue Formulierung und Beschreibung
des Grundes der Erziehungsplanung

grundsätzliche Abklärung der eigenen Kompetenz:

Bejahung: Verneinung:

                                    Einleitung externer
                                    Maßnahme(n)

                                    Aufrechterhaltung
                                    des Kontaktes: mög-
                                    liche Teilmitarbeit
                                    abklären

Phase der Sammlung
von Daten

Phase der Auswertung
der Daten

Phase der Planung

Phase der gezielten An-
wendung der pädagogischen
Maßnahmen

Phase der ständigen Kontrolle

(Phase der Revision nötig:)

6.5 Didaktische Einzelschritte einer Erziehungsplanung

Hat sich nun ein Erzieher entschlossen, mit dem Kind direkt zu arbeiten, (wobei Parallelmaßnahmen in nahezu allen Fällen mitangezeigt sind), beginnt er, den methodischen Verlauf einer Erziehungsplanung differenziert in didaktische Einzelschritte aufzugliedern. In einem Überblick wird versucht, die Abfolge aufzuführen.

Überblick zu den didaktischen Einzelschritten einer Erziehungsplanung

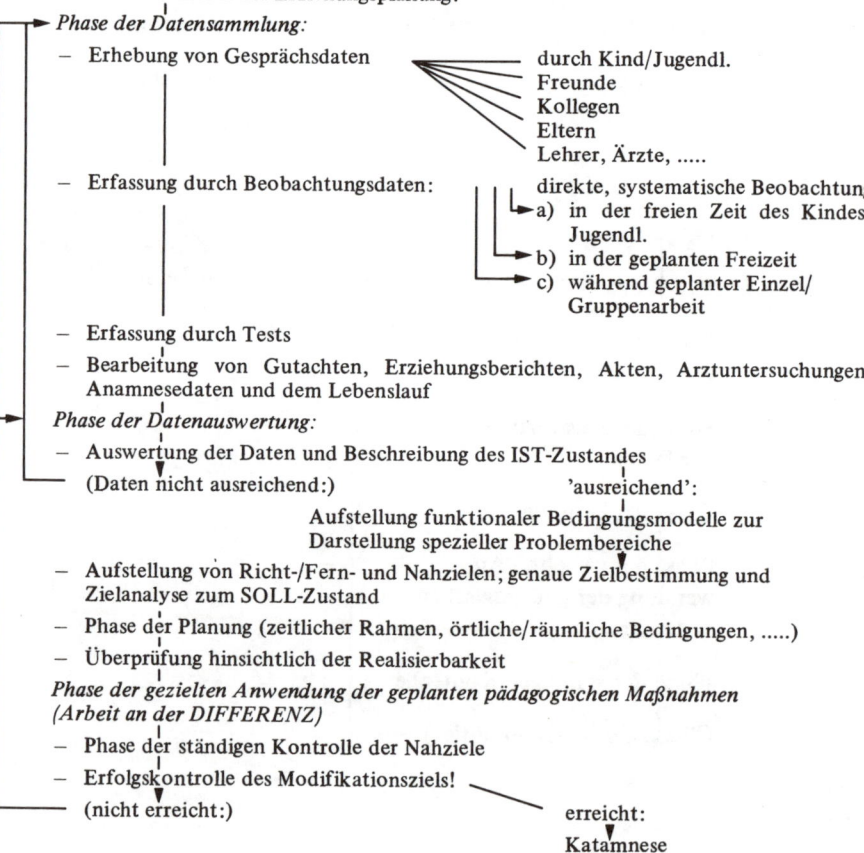

genaue Beschreibung und Ausformulierung des Grundes der Erziehungsplanung
Hinterfragen der grundsätzlichen Kompetenz zum eigenen Arbeitsvermögen entsprechend des Grundes der Erziehungsplanung:

Phase der Datensammlung:

– Erhebung von Gesprächsdaten   durch Kind/Jugendl.
Freunde
Kollegen
Eltern
Lehrer, Ärzte, ...

– Erfassung durch Beobachtungsdaten: direkte, systematische Beobachtung
a) in der freien Zeit des Kindes/ Jugendl.
b) in der geplanten Freizeit
c) während geplanter Einzel/ Gruppenarbeit

– Erfassung durch Tests

– Bearbeitung von Gutachten, Erziehungsberichten, Akten, Arztuntersuchungen, Anamnesedaten und dem Lebenslauf

Phase der Datenauswertung:

– Auswertung der Daten und Beschreibung des IST-Zustandes

(Daten nicht ausreichend:)   'ausreichend':
Aufstellung funktionaler Bedingungsmodelle zur Darstellung spezieller Problembereiche

– Aufstellung von Richt-/Fern- und Nahzielen; genaue Zielbestimmung und Zielanalyse zum SOLL-Zustand

– Phase der Planung (zeitlicher Rahmen, örtliche/räumliche Bedingungen, ...)

– Überprüfung hinsichtlich der Realisierbarkeit

Phase der gezielten Anwendung der geplanten pädagogischen Maßnahmen (Arbeit an der DIFFERENZ)

– Phase der ständigen Kontrolle der Nahziele

– Erfolgskontrolle des Modifikationsziels!

(nicht erreicht:)   erreicht:
Katamnese

6.6 Erziehungsplanung – multimodale pädagogische Arbeit

Wenn – wie in der Einführung ins Thema – behauptet wird, daß jedes Verhalten als Ergebnis der Auseinandersetzung des Kindes mit seiner Umwelt unter Berücksichtigung der spezifischen Situation anzusehen ist und der Erzieher dies als für ihn annehmbar akzeptiert, dann bedeutet das, daß verschiedene Einflüsse sein abweichendes Verhalten schaffen, wobei es für das Kind ein Problemlösungsverhalten darstellt. Einflüsse aus der Familie bzw. von seinen Eltern und der soziokulturellen Umgebung, Einflüsse durch die institutionelle Gruppe und die Erzieher, durch die institutionellen Rahmenbedingungen und die gesellschaftlichen Verhältnisse. Somit bedeutet Erziehungsplanung letztlich *nie* losgelöste Arbeit mit dem Kind, sondern Arbeit auf verschiedenen Ebenen.

Darstellung der verschiedenen Ebenen, die einen direkten oder indirekten Einfluß auf das Verhalten der Kinder/Jugenlichen haben und daher in eine Erziehungsplanung einzubeziehen sind (unter Nennung didaktischer Maßnahmen).

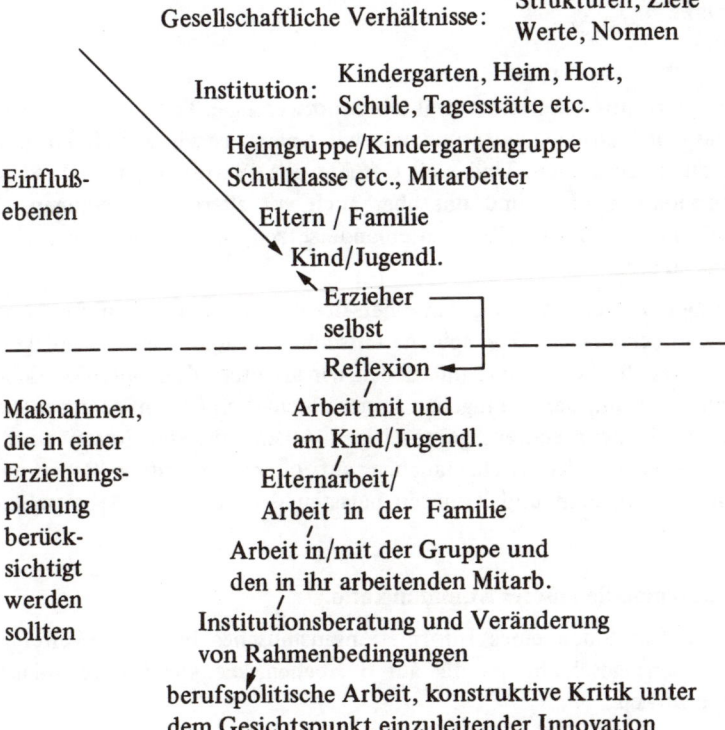

6.7 Mit Gefühlen leben – mit Gefühlen arbeiten: ein in der Erziehungsplanung bedeutsamer und zu berücksichtigender Arbeitsaspekt

"Ich glaube daran,
daß das größte Geschenk,
das ich von jemandem empfangen kann,
ist,
gesehen, gehört, verstanden
und berührt zu werden.
Das größte Geschenk,
das ich geben kann,
ist,
den anderen
zu sehen, zu hören, zu verstehen
und zu berühren.
Wenn dies geschieht,
entsteht Kontakt"
(Virginia Satir)

Gefühle sind ein zu uns gehörender und lebensnotwendiger Teil unseres Daseins! Sie zeigen anderen Menschen, wer und wie wir sind, was wir von ihnen halten und wie wir zu ihnen stehen. Und weil Gefühle uns "verraten", uns als Person anderen transparent machen und uns aber auch vor allem dazu zwingen, daß wir uns mit eigenen Gefühlen selber auseinandersetzen müssen, verbergen wir sie häufig, um uns zu schützen.

Gleichzeitig erwarten wir aber, daß einerseits unsere Kollegen unsere vorhandenen (aber verdeckten) Gefühle spüren, entschlüsseln und angemessen darauf reagieren, andererseits die Kinder, mit denen wir arbeiten, ihre Gefühle erleben, spüren, verbalisieren und damit umgehen lernen. Sicherlich kommt es durch diese Widersprüche zu keinem echten, gegenseitigen Austausch; stattdessen wird es Mißverständnisse geben, Konflikte tauchen auf oder entstandene Beziehungsschwierigkeiten zu Kindern und Kollegen belasten den gesamten Arbeitsablauf.

Gefühle sind Bestandteile unserer Kommunikation

Kommunikation (im Sinne eines Informationsaustausches bzw. der Weitergabe von Informationen) geschieht ständig auf 3 Ebenen, die *gleichzeitig* ablaufen und auf andere wirken:

a) nichtsprachliche Kommunikation (z.B. drücken wir durch die *räumliche Nähe/Distanz* zum Empfänger unsere Beziehung aus; unsere *Körperhaltung* spiegelt u.a. unseren Gefühlszustand wider; unsere *Mimik und Gestik* zeigt unsere gespürten Gefühle, stellt eine Rückkoppelung zum anderen dar und macht unsere Einstellung zu ihm transparent; unsere *Handbewegungen* zeigen ebenso unsere Gefühle wie unsere *Blickrichtung.*)

b) sprachliche Kommunikation; sie dient der Informationsvermittlung; durch sie können wir unsere Meinungen äußern, Probleme lösen, das Verhalten anderer beeinflussen (z.B. durch Bitten oder Anweisungen), Emotionen zum Ausdruck bringen oder soziale Beziehungen aufbauen, aufrechterhalten oder abbrechen.

c) nichtsprachliche Aspekte des Sprechens; sie kommen durch das "wie-etwas-gesagt-wird" zum Tragen: so gibt der emotionale Tonfall von Äußerungen ebenso unseren Gefühlszustand wieder (z.B. hohe, laute Stimme = Wut) wie die Dauer von Äußerungen (z.B. Länge, Häufigkeit, Gesamtzahl).

Schon dieser kleine Ausschnitt aus dem Bereich der Sozialpsychologie mag genügen, um deutlich zu machen, daß Gefühle ständig (ob wir wollen oder nicht) zum Ausdruck kommen und auf andere ihren Einfluß haben! Eine Tatsache, die auch in der pädagogischen Arbeit ihre besondere Bedeutung hat und daher auch besonderer Berücksichtigung bedarf. Ein Beispiel sollte hier nicht fehlen: Kinder lernen vor allem durch 'Modellimitation'. Dabei sind es nicht zuletzt Erzieher, die aufgrund ihrer langen Beziehung zum Kind einen erheblichen Einfluß auf sie haben. So sind es auch *Einstellungen* des Erziehers, die ihre "Wirkung" auf Kinder ausüben. Der Sozialpsychologe ARGYLE hat nun einmal über längere Zeit untersucht, wie Einstellungen wahrgenommen werden, und er kam zu einem wichtigen Ergebnis: "Wahrgenommene Einstellungen zu sich selbst, zu anderen Personen, Situationen oder Handlungen werden zu 7% durch verbale Äußerungen, zu 38% durch den Tonfall und zu 55% durch das Gesicht (mimischer Ausdruck) vermittelt!" Das bedeutet, daß 'nichtsprachliche Kommunikation' und 'nichtsprachliche Aspekte des Sprechens' (also vor allem Verhaltensweisen, die durch Gefühle bestimmt werden!) *ausschlaggebend* für wahrgenommene Einstellungen sind!

Bestehende Kommunikationsketten zwischen Erziehern und Kindern

Beziehungen sind vor allem dadurch definiert, daß zwei oder mehrere Personen aufeinander eingehen und reagieren. Wenn ein Erzieher und ein Kind miteinander spielen, sprechen oder sich "nur" anschauen, dann nimmt zunächst der eine etwas wahr, vermutet etwas, es entsteht ein Gefühl und er reagiert z.B. durch Sprache oder Handlung. Beispiel: Ein Erzieher spielt mit Kindern "Schweineschwänzchen suchen". Andreas schaut ängstlich zu. Der Erzieher blickt ihn mehrere Male an. 1.) Andreas nimmt die Blicke wahr; 2.) Er vermutet darin eine Aufforderung; 3.) Ihm ist unwohl bei dem Gedanken des Mitspielensollens, so daß er sich 4.) umdreht und aus dem Blickfeld des Erziehers geht. Nun läuft beim Erzieher das gleiche Schema von Wahrnehmung, Vermutung, Gefühl und Reaktion ab. 1.) Der Erzieher sieht, daß Andreas weggeht. 2.) Er vermutet, daß er nicht mitspielen möchte. Das ärgert ihn ein wenig (3.), weil er Andreas zum Spielen aktivieren möchte. 4.) Der Erzieher löst sich kurz aus dem Spiel und sucht Andreas auf, um mit ihm zu sprechen. Diese "Kommunikationskette" könnte jetzt endlos fortgesetzt werden; sie zeigt aber schon im Ansatz, wie Aktionen und Reaktionen miteinander *verzahnt* sind.

Würde man die Kommunikationskette graphisch darstellen, so sähe sie wie folgt aus:

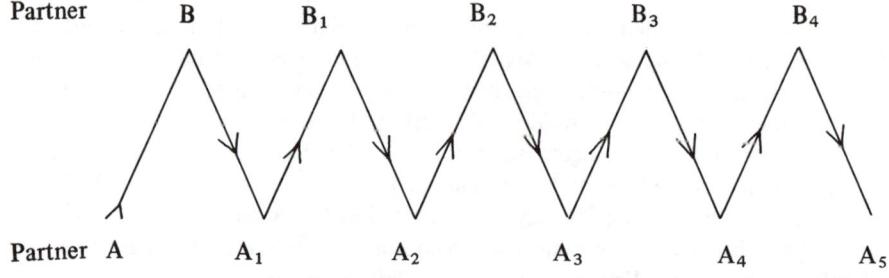

In der Regel sind sich die Kommunikationspartner dieser Kette nicht bewußt, und sie läuft "automatisch" ab — wie bei einem Autofahrer, der ständig kuppelt, schaltet, bremst oder Gas gibt, ohne groß darüber nachzudenken.

Würden wir nun noch einmal eine große Lupe nehmen und uns *einen* Kommunikationsteil — wie oben beschrieben — betrachten, dann ergibt sich folgendes Bild:

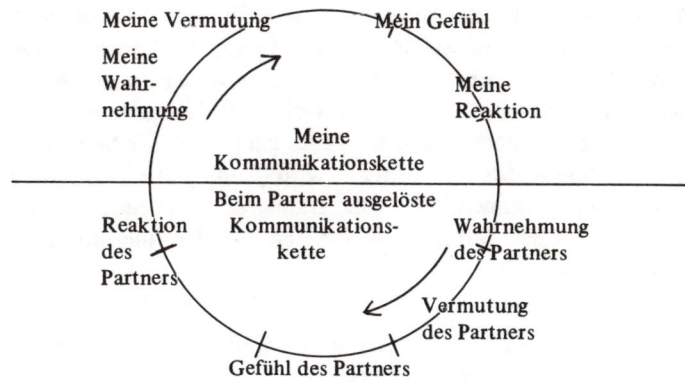

1. Kettenglied: Meine Wahrnehmung

Augen, Ohren, evtl. Geruchs- und Tastsinn nehmen Reize wahr und fassen sie als Informationen auf, die von Bedeutung sind. Diese Wahrnehmung löst Gedanken aus, die einer Vermutung gleichkommen.

2. Kettenglied: Meine Vermutung

Vermutungen entstehen hauptsächlich dadurch, daß sich Menschen ein Bild von dem machen wollen, was einen Einfluß auf sie hat/haben könnte. Damit geben Vermutungen wahrgenommenen Reizen einen Sinn — sie werden Denkrastern zugeordnet und bewertet. (Beispiel: Ein Kind steht mit gesenktem Kopf alleine in einer Ecke; ich vermute, daß es traurig ist.)

3. Kettenglied: Mein Gefühl

Wenn — wie oben erwähnt — Wahrnehmungen gedeutet werden und Vermutungen entstehen, dann werden in unserem Körper Gefühlsprozesse ausgelöst, die zwar unser Verhalten entscheidend (!) beeinflussen, sie uns aber oftmals gar nicht (mehr) bewußt sind/werden. Viele Menschen (auch Erzieher) haben — nicht zuletzt durch ihre Ausbildung — den Umgang mit eigenen und fremden Gefühlen verlernt und verdrängt. Häufig sind es dann nur noch indirekte Gefühlsäußerungen, die zum Ausdruck gebracht werden (Beispiel: Andreas, der mit gesenktem Kopf in der Ecke steht, ist vermutlich traurig. 'Anstatt sich zu beschäftigen, verhält er sich falsch, denn er tut ja nichts gegen seine Traurigkeit.'). Direkte Gefühlsäußerungen wären z.B.: 'Es macht mich auch traurig, wenn ich ihn da so alleine stehen sehe' oder 'Es ärgert mich, daß er so inaktiv ist!'.

Zwei Anmerkungen: a) Indirekte Gefühlsäußerungen sind für andere wenig deutlich; sie führen häufig zu Mißverständissen und kaschieren eigene Gefühle. b) Direkte Gefühlsäußerungen sind (leider) nicht zuletzt deswegen weniger anzutreffen, weil der Sprecher *glaubt*, er könne den anderen verletzen; der andere könne nicht mit der Offenheit umgehen und man selbst gehe damit auch für sich ein zu großes Risiko ein. Das Äußern direkter Gefühle wird damit vermieden (Vermeidungsverhalten), weil angenommen wird, sie träfen zu sehr ins Schwarze (Katastrophenangst!) und würden damit auch für den 'Sender' unangenehme Konsequenzen nach sich ziehen.

4. Kettenglied: Meine Reaktion

Die Kettenglieder "Wahrnehmung", "Vermutung" und "Gefühl" laufen in mir — und damit für andere fast unbemerkbar — ab; erst die nun folgende Konsequenz "Reaktion" vollzieht sich offen und damit für Kommunikationspartner erfahrbar. Meine Reaktion wird damit zur Informationsvermittlung an den anderen; er nimmt sie wahr, vermutet, ein Gefühl entsteht und läßt eine Reaktion entstehen.

Meine Kommunikationskette als Spiegelbild meiner Persönlichkeit und Gefühlswelt

Stellen wir uns einmal vor, die Kommunikationskette sei ein Kuchen, den es nun entsprechend der 4 Anteile aufzuteilen gilt. Frage: welcher Anteil (Wahrnehmung, Vermutung, Gefühl und Reaktion) ist wohl am größten, welcher am kleinsten?

Nehme ich in der Regel nur sehr auswählend wahr (selektive Wahrnehmung), vermute ich mehr als genau zu beobachten (Vor-urteile), unterdrücke ich eher meine primären Gefühle (Ärger, Angst, Trauer, Wut, Freude) und zeige ich auch in unterschiedlichen Situationen eher gleiche Reaktionsmuster als vielmehr immer wieder neue Handlungsweisen auszuprobieren?

Beispiele für Kommunikationsketten:

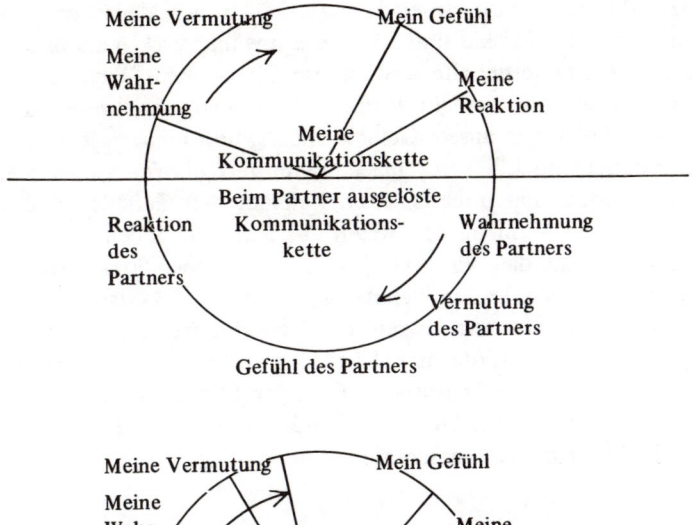

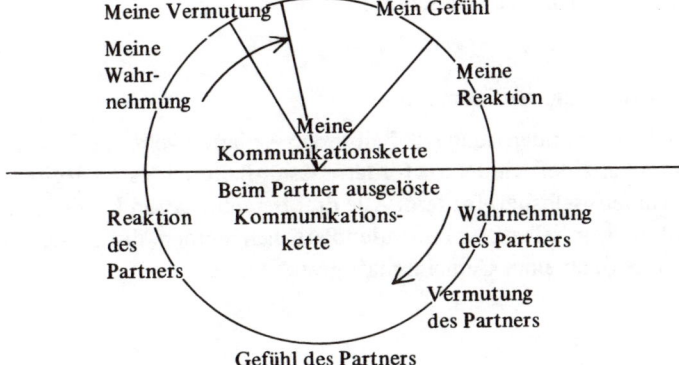

Vielleicht sollten Sie einmal eine noch nicht aufgeteilte Kommunikationskette aufzeichnen und so aufteilen, wie Sie glauben, daß Sie sich dadurch charakterisieren können. Achten Sie dabei vor allem einmal auf die Größe Ihres "Gefühlsanteils".

Gefühle sind das wesentliche Element der zwischenmenschlichen Kommunikation

Eigene Gefühle beeinflussen ebenso unser Leben wie das der Menschen, mit denen wir leben und arbeiten. Gefühle sind ständig in uns und wirken auf unsere Verhaltensweisen, unsere Erlebnisinhalte und unsere Sichtweisen. Wir schaffen es nicht, Gefühle zu leugnen oder zu ignorieren — es sei denn, wir *glauben*, daß es möglich ist. Dennoch holen uns unsere Gefühle ständig und immer wieder ein, sie "kommen uns plötzlich hoch" oder "machen uns fertig". Wie ist es nun möglich, daß wir aber immer mehr beobachten können, daß Gefühle — auch in der pädagogischen Arbeit — nicht den Raum ausfüllen, der ihnen zustehen sollte? Vielleicht liegt es daran, daß wir sowohl in unserer eigenen Sozialisations-geschichte 'Elternhaus' als auch in der 'Schule' und unserer 'Arbeitsstelle' Ge-fühlsäußerungen verlernt haben/verlernen mußten. Vernunft ist das, was zählt, Gefühle sind überflüssig oder gar verdächtig. Vielleicht haben wir sogar gelernt, zwischen "positiven" (Freude) und "negativen" Gefühlen (Angst, Ärger, Trauer, Wut) zu unterscheiden. Damit wären "ungute" Gefühle bewertet, die es zu ver-meiden gelte. — Welch ein tragischer Trugschluß! —

Gefühle als wichtiger Faktor eigener Kompetenz

Wenn es in der Sozial- und Sonderpädagogik heißt, daß es darum geht, die Selbst-, Sach- und Sozialkompetenz der Kinder zu fördern, dann halte ich es für legitim, es auch für Erzieher(innen) selbst zu fordern. Alle drei Bereiche lassen Kinder und Erwachsene zu selbständigen, selbstbestimmenden Personen werden, die ihr Leben selbstverantwortlich innerhalb einer Gemeinschaft gestalten.

Selbstkompetenz
(emotionaler Bereich)

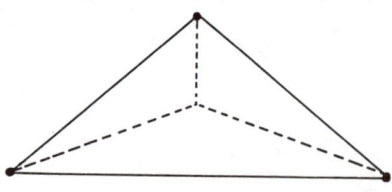

Sozialkompetenz
(sozialer Bereich)

Sachkompetenz
(kognitiver Bereich)

Zur Erläuterung: *Selbstkompetenz* bezeichnet die Fähigkeit, für sich selbst verantwortlich handeln zu können. *Sozialkompetenz* ist die Fähigkeit, für sozial-gesell-
schaftlich und politisch bedeutsame Sach- und Sozialbereiche urteils- und handlungsfähig zu sein. *Sachkompetenz* beschreibt die Fähigkeit, für Sachbereiche
urteils- und handlungsfähig und damit zuständig sein zu können. Sozial- und
Sachkompetenz sind dabei abhängig von der Selbstkompetenz (!) — das bedeutet,
wie wir Gefühle erkennen und erleben, Enttäuschungen verarbeiten, Manipula-
tionsversuche durchschauen, mit Versagungen umgehen, uneindeutige Situationen
ertragen können, mit eigenen und fremden Aggressionen umgehen und letztlich
Gefühle *leben*!

An dieser Stelle sollte ein in den Vereinigten Staaten entwickeltes "Kommu-
nikations-Gefühls-Rad" nicht unbeachtet bleiben, das — in Änderung der vorge-
schlagenen Durchführung und Modifikation seiner Zielsetzung — dem Beobachter
und 'Beurteiler' sicherlich dazu verhelfen kann, sich in ständiger Selbstbeobachtung und einer Reflexion mit eigenen Gefühlen und denen anderer näher kennenzulernen.

Nehmen Sie sich einfach einmal entweder die Liste "Inventur der Gefühle"
oder "Das Gefühlsrad" vor und setzen Sie sich in Gedanken/real in Beziehung
zu bestimmten Personen, Situationen, Geschehnissen oder Bedingungen. Kreuzen
Sie dann das Ausprägungsmaß (sehr, mittel, etwas) des bestimmten Gefühls an
und begeben Sie sich damit in eine hilfreiche Auseinandersetzung.

Inventur der Gefühle

Dat.: _____   Zeit: _____

Anlaß:* _____

Gefühl	schwach, intensiv	mittel	sehr	Weil: (etw. Bemerkungen)
Haß				
Wut, Ärger				
Angst				
Liebe				
Unzufriedenheit				

Zufriedenheit	
Verwirrung	
Klarheit	
Antipathie	
Sympathie	
Versagen	
Erfolg	
Zärtl. Zuneigung	
Die anderen sind nicht OK	
Die anderen sind OK	
Befriedigung	
Frustration	
Sich wohl fühlen	
Schmerz, Pein	
Neid	
Schuldgefühle	
Teilhaben, Gemeinschaftsgefühl	
Einsamkeit	
Isoliertheit	
Engagiertheit	
Zurückweisung	
Erleichterung	
Sicherheit	
Scheu, Schüchternheit	
Mißtrauen, Argwohn	
Vertrauen	
Kein gutes Gefühl über mich (bin nicht OK)	

Gutes Gefühl über mich (bin OK)	
Traurigkeit	
Freude	
Nicht-Erfülltsein	
Erfülltsein	
Ich-Stärke	
Furcht	
Gefühl der Überlegenheit	
Minderwertigkeit	
Langeweile	
Neugierde	

(aus: Birkenbihl, V. F., 2. Aufl. 1978)

"Das Gefühls-Rad"

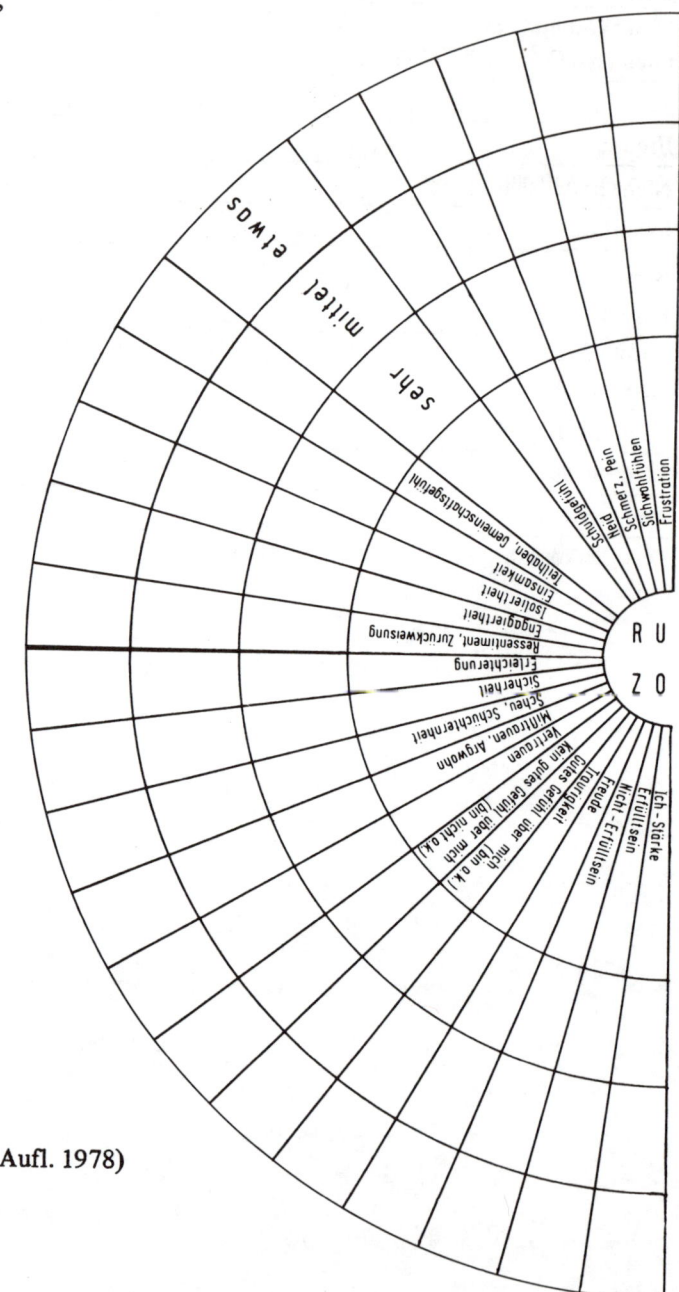

(aus: Birkenbihl, 2. Aufl. 1978)

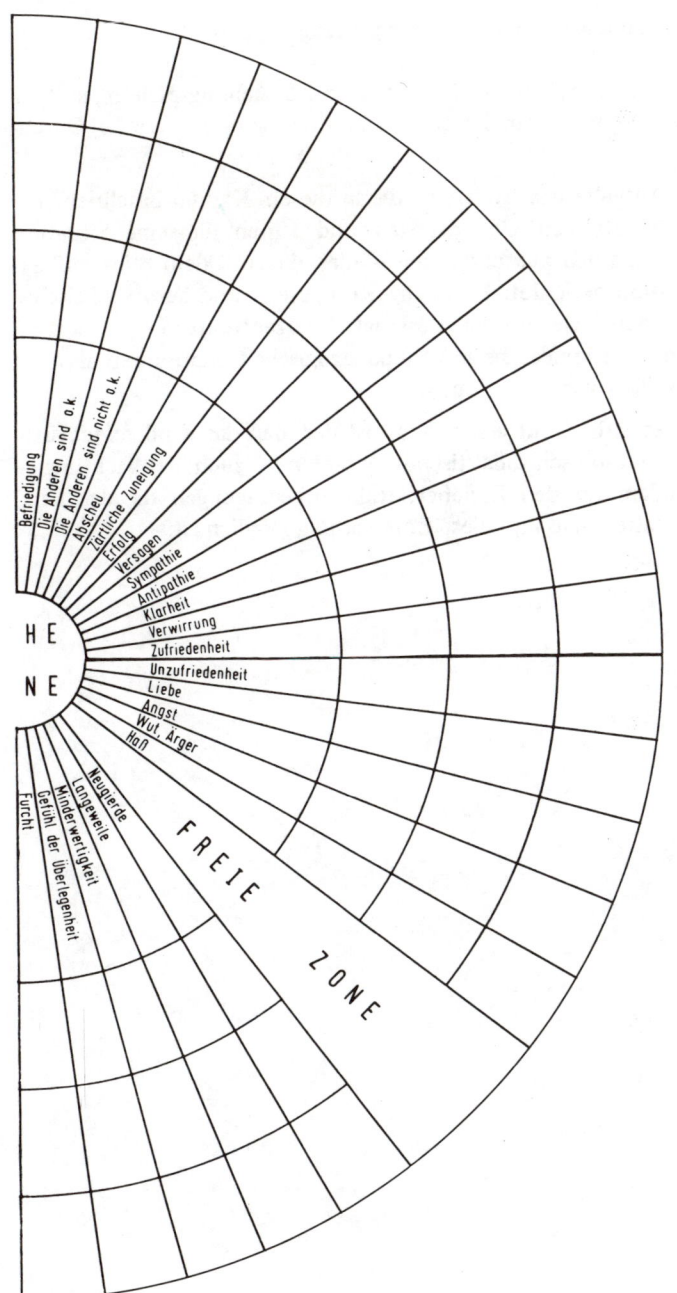

Befriedigung
Die Anderen sind o.k.
Die Anderen sind nicht o.k.
Abscheu
Zärtliche Zuneigung
Erfolg
Versagen
Sympathie
Antipathie
Klarheit
Verwirrung
Zufriedenheit

HE
NE

Unzufriedenheit
Liebe
Angst
Wut, Ärger
Haß
Neugierde
Langeweile
Minderwertigkeit
Gefühl der Überlegenheit
Furcht

FREIE ZONE

6.8 Schlußbemerkung zum Kapitel 'Erziehungsplanung'

Sicherlich ist es durch diese Arbeit nicht möglich, eine Erziehungsplanung in ihrer Komplexität darzustellen und dem Leser genaue Anweisungen zu ihrer Durchführung anzubieten.

Es bleibt daher Aufgabe des Erziehers, die in diesem Kapitel beschriebenen methodischen und didaktischen Überlegungen und Hilfen für seine Situation zu übernehmen und inhaltlich auszugestalten — dies alles mit dem Blick auf das Kind und seine Situation gerichtet. Fachliche Kompetenz und berufspolitisches Engagement scheinen dabei gleichzeitig Merkmale kindzentrierter (= partnerzentrierter) Arbeit zu sein, Merkmale, die sowohl pädagogische Gesamtarbeit als auch Erziehungsplanung effektiv werden lassen.

Ausgangspunkt der Arbeit mit jedem Kind ist der, daß das Kind *seine* Autonomie finden kann; methodisch/didaktisches Arbeiten — auch Beobachtung — bedeutet dann vor allem für den Erzieher, Rahmenbedingungen für das Kind und mit ihm so zu gestalten, daß ihm diese Entwicklung möglich ist.

192

7. Worterklärungen

abnorm	mehr oder weniger stark abweichend vom Normalen (im geistig-intellektuellen Bereich/im Verhaltensbereich)
Adaption	Anpassung der Sinnesorgane an bestimmte Umweltreize
adäquat	angemessen, entsprechend, übereinstimmend
ätiogenetisch	ursächlich erblich bedingt
Affektivität	starke Gefühlserregbarkeit
Aggression	gehäuft auftretendes feindseliges, sich in verbalen oder tätlichen Angriffen äußerndes Verhalten
ambivalent	doppelwertig, Einbeziehung des Gegenteils
Analyse	Zergliederung, Zerlegung eines Ganzen
Anlagen	anatomische und physiologische Besonderheiten der Persönlichkeit, die bei der Geburt bereits vorhanden sind
antagonistisch	unvereinbar einander gegenüberstehend
Assoziation	Vereinigung, Verknüpfung
baseline	Ausgangsdaten, Grundkurve
destruktiv	zerstörerisch
Determiniertheit	Bestimmtheit des Wollens und Handelns durch äußere oder innere Ursachen
Disposition	Anordnung, Gliederung, Entwurf, Plan
empirisch	erfahrungsgemäß, auf Erfahrung begründet
endogen	nicht durch äußere Einflüsse entstanden, von innen verursacht

exogen	durch äußere Einflüsse entstanden, von außen verursacht
Exploration	freies, ungezwungenes Gespräch zur Erforschung der Persönlichkeit
Frustration	Erlebnis einer wirklichen oder vermeindlichen Benachteiligung, Zurücksetzung oder Ungerechtig-
Generalisation	Verallgemeinerung; im Sinne von Pawlow Erst- stadium bei der Bildung bedingter Reflexe, Reak- tion noch nicht eindeutig auf einen eng begrenzten Reiz
Genese	Entstehung, Entwicklung
habituell	gewohnheitsmäßig geworden, ständig bleibend,
Hypothese	noch unbewiesene Annahme, Voraussetzung, die es noch zu beweisen oder abzulehnen gilt
indifferent	gleichgültig, teilnahmslos
Indikator	Anzeiger; Anzeichen, Maßstab beim Vergleich
Intensität	Stärke, Wirksamkeit
Interesse	spezifische, kognitive Einstellung zu bestimmten Wirklichkeitsbereichen
intervenieren	dazwischentreten, eingreifen
Interview	Befragung mit vorbereiteten Fragen nach genau festgelegtem Plan
Introspektion	Selbstbeobachtung
Invariante	unveränderliches Merkmal
kasuistisch	auf die Analyse bzw. Beschreibung von Einzelfäl- len bezogen
Katamnese	Nachuntersuchung
kausal	ursächlich
kognitiv	erkenntnismäßig, die Erkenntnis betreffend
Kompensation	Ausgleich
konditionieren	bedingen, Bedingungen setzen

kontinuierlich	stetig, fortdauernd, ununterbrochen
Konvergenz	gegenseitige Annäherung, Übereinstimmung
Korrelation	Wechselbeziehung von Größen
Manie	erhöhter, heiterer Erregungszustand
Manifestation	Sichtbarmachung, offenes Inerscheinungtreten
markant	ausgeprägt, hervorstechend
Mimik	Ausdrucksbewegungen des Gesichts
Modifikation	Veränderung, Abwandlung
multimodal	auf verschiedene Art und Weise, auf vielen Ebenen
Neurose	funktionelle Fehlhaltungen als Folge gestörter Erlebnisverarbeitung
nivellieren	ausgleichen, auf ein gleiches Niveau bringen
Optimierung	Vorgehen beim Finden der besten Lösung eines Verfahrens oder eines Problems
partiell	teilweise, auf einen Teil bezogen
pathologisch	krankhaft
permanent	ständig, dauernd
Perseveration	Haftenbleiben, Nachwirkung von Erlebnissen
Perzeption	Wahrnehmung, Aufnahme von Reizen
Prämissen	Voraussetzungen, aus denen ein Schluß gezogen wird
Proband	Versuchsperson in einer wissenschaftlichen Untersuchung
Pseudo-	Schein-, unecht, falsch
psychisch	auf die seelischen Vorgänge bezogen
Psychodiagnostik	die wissenschaftliche Lehre und Methode zur Erkenntnis individueller psychischer Merkmale einer Persönlichkeit
Psychopathie	abnormer, psychischer Zustand, der vor allem im Gefühls-, Willens- und Triebbereich durch erhebliche Abweichungen vom normalen Durchschnitt gekennzeichnet ist

rational	die Vernunft, das Denken betreffend
Reliabilität	Zuverlässigkeit
Resistenz	Widerstandsfähigkeit
Retardierung	Verzögerung, Verlangsamung
Sensibilität	Empfindlichkeit, besonders auf Reizwirkungen bezogen
signifikant	bedeutsam
somatisch	körperlich
spekulativ	nicht auf Erfahrungen bzw. Tatsachen beruhend
standardisieren	vereinheitlichen, normen, in ein objektives System bringen
stereotyp	feststehend, unveränderlich
Stimulus	Reiz
sukzessiv	aufeinanderfolgend
symptomatisch	kennzeichnend, anzeigend
Syndrom	Komplex verschiedener zusammengehöriger Symptome
Transfer	Übertragung; positive Auswirkung des bisher oder vorher Gelernten auf ein nachfolgendes Lernen
Validität	Gültigkeit
Verhaltensmuster	Reihe von einzelnen Reaktionen, die gehäuft und in einer bestimmten Sequenz miteinander vorkommen
Verhaltensrepertoire	Gesamtheit aller Verhaltensweisen
Verifikation	Bestätigung einer Annahmne

8. Literaturhinweise

8.1. Literaturhinweise zum Thema „Wahrnehmung"

Beck, A.T.: Wahrnehmungen der Wirklichkeit und Neurose. Kognitive Psychotherapie emotionaler Störungen. München 1979

Blickhan, D.: Denken, Fühlen, Leben. Vom bewußten Wahrnehmen zum kreativen Handeln. Landsberg/München 1989

Bower, T.: Die Wahrnehmungswelt des Kindes. Stuttgart 1978

Brand, H.W.: Die Legende von den „geheimen Verführern". Kritische Analysen zur unterschwelligen Wahrnehmung und Beeinflussung. Weinheim 1978

Brooks, Ch.V.: Erleben durch die Sinne. Paderborn 1978

Bungert, H.: Wie sieht und erfährt der Mensch seine Welt? Regensburg 1987

Campenhausen, C. v.: Die Sinne des Menschen II. Anleitung zu Beobachtung und Experimenten. Stuttgart 1981

Dummett, M.: Ursprünge der analytischen Philosophie. Frankfurt 1988

Gibson, J.J.: Die Sinne und der Prozeß der Wahrnehmung. München 1982

Heyer-Oeschger, M.: Erfassen und Fördern im Kindergarten. 1. Schwerpunkt: Wahrnehmung. Zürich 1987

Hochberg, J.E.: Wahrnehmung. Wiesbaden 1977

Jahnke, J.: Interpersonale Wahrnehmung. Stuttgart 1975

Kattenstroth, C.: Ästhetische Erziehung und Wahrnehmungstheorien. Eine erkenntnistheoretische Untersuchung. Weinheim 1983

Krech, D., Crutchfield R.S., Livson, N., Wilson, W.A. und Parducci, A.: Grundlagen der Psychologie. Band 2: Wahrnehmungspsychologie. Weinheim 1985

Kükelhaus, H. und Lippe, R.z.: Entfaltung der Sinne. Erlebnisse mit dem Erfahrungsfeld. Frankfurt 1982

Laing, R.D. et al.: Interpersonelle Wahrnehmung. Frankfurt 1971

Murch, G.M. und Woodworth, G.L.: Wahrnehmung. Stuttgart 1978

Piaget, J.: Der Aufbau der Wirklichkeit beim Kinde. Stuttgart 1974

Pohlen, M. et al.: Die Unterwelt bewegen. Versuch über Wahrnehmung und Phantasie in der Psychoanalyse. Frankfurt 1980

Prinz, W.: Wahrnehmung und Tätigkeitssteuerung. Berlin 1983

Ratajczak, H.: Emotionsverarbeitung. Motorik als Enkodiermedium für die Fremdwahrnehmung von Emotionen. Frankfurt 1991

Rosenthal, R. und Jacobsen, L.: Pygmalion im Unterricht. Original New York 1968. Weinheim 2. Aufl. 1974

Sarris, V.: Wahrnehmung und Urteil. Göttingen 1971

Schneider, M.: Das Urteil und die Sinne. Transzendentalphilosophische und ästhesiologische Untersuchungen im Anschluß an Richard Hönigswald und Helmut Plessner. Heidelberg 1989

Stadler, M., Seeger, F. und Raithel, A.: Psychologie der Wahrnehmung. München 2. Aufl. 1977

Thienel, A.: Lehrerwahrnehmungen und -gefühle in problematischen Unterrichtssituationen. Zum Einfluß von Wahrnehmungen und Emotionen auf das differentielle Erleben und Verhalten von Lehrern. Frankfurt 1988

Thomas, A. und Brackhane, R. (Hrsg.): Wahrnehmen – Urteilen – Handeln. Forschung im Spannungsfeld von Allgemeiner und Angewandter Psychologie. Bern 1980

Ulmann, G.: Sprache und Wahrnehmung. Frankfurt 1975

Vernon, M.D.: Wahrnehmung und Erfahrung. München 1977

Watzlawick, P.: Wie wirklich ist die Wirklichkeit? Wahn–Täuschung–Verstehen. München 1977

Wittling, W.: Einführung in die Psychologie der Wahrnehmung. Hamburg 1976

Wright, G.H. v.: Erklären und Verstehen. Frankfurt 1974

8.1.1 Literaturhinweise zum Thema „Erweiterung eigener Wahrnehmung und Gefühle"

Achtnich, E. (Hrsg.): Zärtlichkeit und Wut. Anregungen und praktische Beispiele, Zugang zu suchen zu eigenen Gefühlen, Gelnhausen 1982

Baer, U.: lernziel liebesfähigkeit. Spiele und Materialien zum Thema Sexualität und Partnerschaft. Remscheid 1977

Baer, U.: Wer sind wir – 12 neue Selbsterfahrungsspiele. Remscheid 1984

Becker, W.: Wahrnehmungen. Wie wir uns und andere neu sehen lernen. Wuppertal 1981

Bertelsmann, K.: Ausdrucksschulung. Unterrichtsmodelle und Spielprojekte für kreatives und kommunikatives Lernen. Stuttgart 1975

Boal, A.: Theater der Unterdrückten. Frankfurt 3. Aufl. 1982

Fritz, J.: Methoden des sozialen Lernens. München 1977

Frör, H.: Spiel und Wechselspiel. Kommunikationsspiele für Gruppen, Material und Methodik. München 4. Aufl. 1979

Gudjons, H.: Praxis der Interaktionserziehung. 180 Übungen und Spiele zum Gruppentraining. Bad Heilbrunn 1978

Huberich, P. und U.: Spiele für die Gruppe. Band 25 der Reihe Gruppenpädagogik/ Gruppendynamik. Heidelberg 2. Aufl. 1982

Hübner, R., Kubitza, E. und Rohrer, F.: Spielräume für Gruppen. Eine Praxis der Spiel- und Theaterpädagogik. München 1985

Krenz, A.: Gruppendynamische Interaktionsexperimente. Spiele, die eigenes Verhalten bewußt machen und störende Verhaltensweisen positiv verändern können. Wehrheim 3. Aufl. 1986

Kurzleb, U., Schmidt, A. et al.: Zeit für Zärtlichkeit. Spielerische Übungen für Liebe und Partnerschaft. Wuppertal 1977

nca – nederlands centrum voor amateurtoneel (Hrsg.): nca-Materialien 1–3. Interaktionsspiele. Spiele und Übungen zur Körpererfahrung und Ausdrucksschulung. Maarsen 1973/1975

Reichelt, Fe: Atem, Tanz und Therapie. Schlüssel des Erkennens und Veränderns. Frankfurt 1990

Sillesch, D.: Das Meditationsbuch. Übungen für ein neues Bewußtsein – vom Autogenen Training bis zur Zen-Meditation. Mainz 1988

Stevens, J.O.: Die Kunst der Wahrnehmung. Übungen der Gestalttherapie. München 6. Aufl. 1982

Tran Vu Chi: Wa Do – Wohlbefinden durch Bewegungsübungen. Reinbek 1989

Weiser, C. und T.: Mit-Gefühl-Spiele(n). Fünf Einheiten mit Übungen für Partner. Gelnhausen 1975

Wormser, R.: Sensitive Spiele. Wie man neuartige Kontakte knüpft und überraschende Erfahrungen macht. München 1976

8.2 Literaturhinweise zum Themenbereich „Beobachtung / Beurteilung"

Arndt, J., Oberloskamp, H.: Gutachterliche Stellungnahmen in der sozialen Arbeit. Eine Anleitung mit Beispielen für die Vormundschafts- und Familiengerichtshilfe. Heidelberg 1983

Atteslander, F.: Methoden der empirischen Sozialforschung. Berlin 3. Aufl. 1974

Barkey, P.: Direkte vs. indirekte Modelle sonderpädagogischer Diagnostik. In: Kornmann, R. (Hrsg.): Diagnostik bei Lernbehinderten. Rheinstetten 1975

Bayer, G.: Verhaltensdiagnose und Verhaltensbeobachtung. In: Kraiker, C. (Hrsg.): Handbuch der Verhaltenstherapie. München 1974

Besser, H. u.a.: Der Schülerbeobachtungsbogen. Braunschweig 1977

Biermann, G.: Die Biographische Anamnese. München/Basel 1980

Bleidick, U.: Das sonderpädagogische Gutachten. Praktische Anleitung zur Beobachtung und Beurteilung von Sonderschulkindern. Berlin 6. Aufl. 1978

Boerner, K.: Das psychologische Gutachten. Ein praktischer Leitfaden. Weinheim 2. Aufl. 1982

Bollinger-Hellingrath, Chr.: Diagnose- und Beobachtungsbögen für das Selbständigkeitstraining in Wohnstätten für geistig Behinderte. In: Geistige Behinderung, Marburg Nr. 3/1981

Bolscho, D. und Schwarzer, Chr.: Beurteilen in der Grundschule. Weinheim 1979

Bondy, C. und Cohen, R.: Berichte an die Deutsche Forschungsgemeinschaft. In: Eggert, D. (Hrsg.): Zur Diagnose der Minderbegabung. Weinheim 1972

Braband, H., Brügge, N. und Kleber, E.W.: Sonderpädagogik – Verfahren und Probleme der Datengewinnung in der sonderpädagogischen Diagnostik – Beobachtung und Befragung. Kursmaterialien „Sonderpädagogik" der Fernuniversität – Gesamthochschule – Hagen. Hagen 1984

Bundschuh, K.: Einführung in die sonderpädagogische Diagnostik. München/Basel 1980

Cardinaux, H.: Zur Diagnose der Mehrfachbehinderung. Villingen-Schwenningen 1975

Cranach, M.v. und Franz, H.: Systematische Beobachtung. In: Graumann, C.F. (Hrsg.): Handbuch der Psychologie. 7. Band – Sozialpsychologie –, 1. Halbband. Göttingen 1969

Dahmer, J.: Anamnese und Befund. Die systematische ärztliche Untersuchung. Mit einem Schlüssel zum Gegenstandskatalog. Stuttgart 4. Aufl. 1981

Dechmann, M.: Teilnahme und Beobachtung als soziologisches Basisverhalten. Stuttgart 1977

Dehmelt, P., Kuhnert, W. und Zinn, A.: Diagnostischer Elternfragebogen (DEF). Eine Anleitung. Weinheim 1975

Deutscher Bildungsrat (Hrsg.): Zur pädagogischen Förderung behinderter und von Behinderung bedrohter Kinder und Jugendlicher. Bonn-Bad Godesberg 1973

Dietrich, R.: Psychodiagnostik. München/Basel 1973

Dollase, R.: Soziometrische Techniken. Weinheim/Basel 1976

Donath, H.: Persönlichkeitsbeurteilung. Methoden und Probleme der Charaktererfassung im pädagogischen Bereich. München 1970

Dührssen, A.: Die biographische Anamnese unter tiefenpsychologischem Aspekt. Göttingen 1981

Eggert, D. (Hrsg.): Zur Diagnose der Minderbegabung. Weinheim 1972

Fachschaftsinitiative Sonderpädagogik Würzburg: Diagnose im Interesse der Betroffenen. Würzburg 1982

200

Fassnacht, G.: Systematische Verhaltensbeobachtung. Eine Einführung in die Methodologie und Praxis. München 1979

Fissini, H.-J.: Persönlichkeitsbeurteilung. Zur Theorie und Praxis des psychologischen Gutachtens. Eine Einführung. Göttingen 1982

Frenz, H.-G., Krüger, K. und Tröger, H.: Die Unangemessenheit der herkömmlichen Testdiagnostik für schulische Entscheidungen. In: Projektgruppe „Diagnostik in der Schule". München 1973

Friedrichs, J. und Lüdtke, H.: Teilnehmende Beobachtung. Zur Grundlegung einer wissenschaftlichen Methode empirischer Feldforschung. Weinheim 1971

Goldfried, M.R. und Kent, R.N.: Herkömmliche gegenüber verhaltenstheoretischer Persönlichkeitsdiagnostik. Ein Vergleich methodischer und theoretischer Voraussetzungen. In: Schulte, D. (Hrsg.): Diagnostik in der Verhaltenstherapie. München/Basel/Wien 1976

Hartmann, H.: Psychologische Diagnostik. Auftrag, Testsituation, Gutachten. Stuttgart 2. Aufl. 1973

Hartmann, H. und Haubl, P. (Hrsg.): Psychologische Begutachtung. Ein Basistext der psychologischen Diagnostik und Beratung. München 1984

Hasemann, K.: Verhaltensbeobachtung. In: Heiss, R. (Hrsg.): Handbuch der Psychologie. Band 6 „Psychologische Diagnostik". Göttingen 3. Aufl. 1971

Hasemann, K.: Verhaltensbeobachtung und Verhaltensbeurteilung in der psychologischen Diagnostik. Göttingen 1964

Heiss, R.: Psychologische Diagnostik. Einführung und Überblick. In: Heiss, R. (Hrsg.): Handbuch der Psychologie. Band 6 „Psychologische Diagnostik". Göttingen 3. Aufl. 1971

Heller, K. und Rosemann, B.: Planung und Auswertung empirischer Untersuchungen. Stuttgart 2. Aufl. 1981

Henze, G. und Nauck, J.: Testen und Beurteilen. Grundfragen pädagogischer Diagnostik. Bad Heilbrunn 1985

Herbig, M.: Praxis lernzielorientierter Tests. Düsseldorf 1976

Herrmann, T.: Lehrbuch der empirischen Persönlichkeitsforschung. Göttingen 1976

Hörmann, H.: Aussagemöglichkeiten psychologischer Diagnostik. Göttingen 1984

Hoffmann, M.: Beobachtung und Protokollierung von Verhalten. In: Belschner, W., Hoffmann, M., Schott, F. und Schulze, Chr.: Verhaltenstherapie in Erziehung und Unterricht. Stuttgart 1973

Holtz, K.-L.: Ein Interventions-Entscheidungs-Modell als mögliche Variante sonderpädagogisch-diagnostischer Vorgehensweise. In: Kornmann, R. (Hrsg.): Diagnostik bei Lernbehinderten. Rheinstetten 1975

Holzkamp, K.: Begutachtung als Kommunikation. In: Holzkamp, K. et al. (Hrsg.): Prognose und Bewährung in der psychologischen Diagnostik. Göttingen 1966

Huber, H.P.: Psychometrische Einzelfalldiagnostik. Weinheim 1973

Humpert, W. und Dann, H.D.: Das Beobachtungssystem BAVIS. Ein handlungstheoretisch orientiertes Beobachtungsverfahren zur Analyse von aggressionsbezogenen Interaktionen im Schulunterricht. Göttingen 1987

Ingenkamp, K.: Pädagogische Diagnostik. Weinheim 1975

Ingenkamp, K.: Pädagogische Diagnostik. In: Schwarzer, R. (Hrsg.): Beraterlexikon. München 1977

Innerhofer, P.: Verhaltensbeobachtung und Verhaltensanalyse. Kursmaterialien „Sonderpädagogik" der Fernuniversität – Gesamthochschule – Hagen. Hagen 1984

Jäger, R.S.: Strategien und Zielsetzungen in der Pädagogischen Diagnostik. Eine Analyse verschiedener Rahmenbedingungen. In: Ingenkamp, K. (Hrsg.): Test und Trends 1982. Weinheim 1982

Jung, E., Krenzer, R., Lotz, I.: Handbuch der Unterrichtspraxis mit Geistigbehinderten. Methodische und didaktische Wege. Frankfurt 3. Aufl. 1979

Kamphaus, G.: Veränderung der Persönlichkeitsbeurteilung als Trainingseffekt. Ettlingen 1980

Kemmler, L.: Die Anamnese in der Erziehungsberatung. Bern/Stuttgart 3. Aufl. 1974

Klauer, K.J. (Hrsg.): Handbuch der pädagogischen Diagnostik. Band I und II. Düsseldorf 1982

Kleber, E.W.: Lehrbuch der sonderpädagogischen Diagnostik. Eine Einführung in die Grundlagen diagnostischer Informationserhebung zum Zwecke pädagogischer Beratung für Sonderpädagogen, Lehrer und Berater im schulischen Bereich. Berlin 3. Aufl. 1978

Kleber, E.W., Meister, H. und Schwarzer, C. u. R.: Beurteilung und Beurteilungsprobleme. Weinheim 1976

Köbi, E. und Bonderer, E.: Diagnostik in der heilpädagogischen Arbeit. Luzern 1982

Köck, P.: Praxis der Beobachtung in Kindergarten, Hort, Heim, Schule, Ausbildungsstätten, Fortbildungseinrichtungen. Donauwörth 1981

Köhne, H. und Klippstein, E.: Pädagogische Verhaltensdiagnostik in der Praxis. Nichtinstrumentelle Untersuchungsverfahren für Sozialpädagogen, Erzieher und Lehrer. Freiburg 1979

König, R. (Hrsg.): Beobachtung und Experiment in der Sozialforschung. Köln 8. Aufl. 1975

Kornmann, R.: Diagnose von Lernbehinderungen. Weinheim/Basel 2. Aufl. 1979

Kornmann, R.: Strategien der Defizitdiagnostik. In: Klauer, K.J. (Hrsg.:) Handbuch der pädagogischen Diagnostik. Band 4, Düsseldorf 1978

Krenz, A.: Beobachtung von Kindern. In: kindergarten heute – zeitschrift für erziehung im vorschulalter. Freiburg Heft 4/1988

Kurth, W.: Das Gutachten. Anleitung für Mediziner, Psychologen und Juristen. München/Basel 1980

Kutscher, J. (Hrsg.): Beurteilen oder verurteilen? München 1977

Langfeldt, H.-P.: Sonderpädagogische Diagnostik unter testtheoretischem Aspekt. In: Barkey, P., Lanfeldt, H.-P. und Neumann, G.: Pädagogisch-psychologische Diagnostik am Beispiel von Lernschwierigkeiten. Bern/Stuttgart/Wien 1978

Landsheere, D.G.: Einführung in die pädagogische Forschung. Weinheim 1971

Leichner, R.: Psychologische Diagnostik. Weinheim 1979

Lückert, H.R.: Die Problematik der Persönlichkeitsdiagnostik. Basel 1965

Lüttke, D.: Einführung in die pädagogische Psychologie. Bern 1974

Mangold, W.: Empirische Sozialforschung. Grundlagen und Methoden. In: Funck u.a.: Gesellschaft und Erziehung II. Heidelberg 1967

Manns, M., Schultze, J., Hermann C. und Westmeyer, H.: Beobachtungsverfahren in der Verhaltensdiagnostik. Salzburg 1987

Martin, L.R.: Studienreihe Schulpädagogik V. Beraten und Beurteilen in der Schule. Ziele, Möglichkeiten, Grenzen. München 1980

Mash, E. und Terdal, L.: Kompendium der verhaltenstherapeutischen Diagnostik. Frankfurt a.M. 1980

Mees, U. und Selg, H.: Verhaltensbeobachtung und Verhaltensmodifikation im pädagogischen Feld. Stuttgart 1977

Meili, R. und Steingruber, F.: Lehrbuch der psychologischen Diagnostik. Bern 8. Aufl. 1978

Merkens, H.: Teilnehmende Beobachtung und Inhaltsanalyse in der erziehungswissenschaftlichen Forschung. Probleme bei der Erforschung des Unterrichtens von Kindern ausländischer Arbeitnehmer. Weinheim 1984

Muchow, M.: Anleitung zur psychologischen Beobachtung von Schulkindern. Hamburg 1962

Müller, R., Klauß, Th., Heimberg, U. und Mittmann, A.: Verhaltensmodifikation in der Praxis. Ein Kursprogramm zur Aus- und Weiterbildung für pädagogische Fachkräfte. München und Basel 1980

Orth, B.: Einführung in die Theorie des Messens. Stuttgart 1974

Otte, R. und Nauck, J.: Der Beobachtungsbogen in der Orientierungsstufe. In: Westermanns Pädagogische Beiträge 1976, Seite 429 ff.

Pause, G.: Testen und Beurteilen. Bad Heilbrunn 1980

Pawlik, K.: Diagnose der Diagnostik. Stuttgart 1976

Pinther, A.: Beobachtung. In: Friedrich, W. und Henning, W. (Hrsg.): Der sozialwissenschaftliche Forschungsprozeß. Berlin 1975

Plaum, E.: Diagnostik zwischen Grundlagenforschung und Intervention. Weinheim 1982

Preiser, S.: Personwahrnehmung und Beurteilung. Darmstadt 1979

Pulver, U. et al.: Ist Psychodiagnostik verantwortbar? Bern 1978

Reenpää, Yrjö: Wahrnehmen, beobachten, konstituieren. Phänomenologie und Begriffsbestimmung der ersten Erkenntnisakte. Frankfurt 1967

Riedel, A.: Praktikable Methoden der Verhaltensbeobachtung. Theoretische Überlegungen und praktische Vorschläge mit Beispielen aus Geistigbehinderten-, Lernbehinderten- und Verhaltensgestörtenschulen. In: Baier, H. (Hrsg.): Beiträge zur Behindertenpädagogik in Forschung und Lehre. Rheinstetten 1976

Rosemann, H.: Schülerbeurteilung. Berlin 1975

Sachse, R.: Praxis der Verhaltensanalyse. Stuttgart 1979

Schelten, A.: Grundlagen der Testbeurteilung und Testerstellung. Teststatistik und Testtheorie für Pädagogen und Ausbilder in der Praxis. Stuttgart/Heidelberg 1980

Schmidt, L.R. und Keßler, B.H.: Anamnese, Methodische Probleme, Erhebungsstrategien und Schemata. Weinheim/Basel 1976

Schneider, K.-H.: Methoden der Psychologie. In: Novak, F. et al. (Hrsg.): Psychologie 1. Grundwissen. Verhalten-Methoden-Theorien. München 1976

Schulte, D. (Hrsg.): Diagnostik in der Verhaltenstherapie. München 1974

Schraml, W.: Das psychodiagnostische Gespräch. Exploration und Anamnese. In: Heiss, R. (Hrsg.): Handbuch der Psychologie. Band 6, Psychologische Diagnostik. Göttingen 3. Aufl. 1971

Schwarzer, Chr.: Einführung in die pädagogische Diagnostik. München 1979

Schwarzer, H.: Lehrerurteil und Schülerpersönlichkeit. München 1976

Seitz, W.: Persönlichkeitsbeurteilung durch Fragebögen. Braunschweig 1977

Sievering, J.: Probleme der Beurteilung. Kastellaun o.J.

Simmat, W.E.: Leitfaden psychologischer Beurteilung. Stuttgart 1974

Sixtl, F.: Meßmethoden der Psychologie. Weinheim 1967

Stephan, E. und Schmodt, W.: Messen und Beurteilen von Schülerleistungen. München 1978

Storz, L.: Das pädagogisch-psychologische Gutachten als Grundlage für die Feststellung der Sonderschulpflicht in der Sonderschule für lernbehinderte Kinder und Jugendliche. In: Möckel, A. (Hrsg.): Sonderschule im Wandel. Neuburgweier 1971

Sumaski, W.: Systematische Beobachtung. Hildesheim 1977

Thomae, H.: Beobachtung und Beurteilung von Kindern und Jugendlichen. Basel/München 13. Aufl. 1980

Tröger, H. und Frenz, H.-G.: Zur Orientierung einer pädagogischen Diagnostik. In: Garten, H.-K.: Diagnose von Lernprozessen. Braunschweig 1977

Ulrich, D. und Mertens, W.: Urteile über Schüler. Zur Sozialpsychologie pädagogischer Diagnostik. Weinheim 4. Aufl. 1979

Utz, K.: Beobachtung von Kindern in der Kindergartengruppe. In: kindergarten heute – zeitschrift für erziehung im vorschulalter. Freiburg Heft 3, 1986

Winkelmann, K. und Eller, F.: Entwicklung und Evaluierung eines Beobachtungssystems zur sequentilen Beschreibung und verhaltenstheoretischen Analyse von Eltern – Kind-Interaktionen. Frankfurt 1983

Zielinski, W.: Probleme der Beurteilung von Schülerleistungen. In: Pädagogisch Psychologisches Funkkolleg (29. Kollegst.), Studienbrief. Tübingen 1973

Zimmermann, K.W.: Psychodiagnostische Verfahren zur Untersuchung von Lernbehinderten. Berlin-Charlottenburg 2. Aufl. 1974

Zimmermann, K.W. und Kornmann, R.: Psychodiagnostik. In: Kanter, G.O. und Speck, O. (Hrsg.): Handbuch der Sonderpädagogik, Band 4 „Pädagogik der Lernbehinderten". Berlin 1977

Veröffentlichungen aus dem Fachbereich Sonderpädagogik der PH Heidelberg

Otto Böhm, Elke Dreizehnter, Gerhard Eberle, Günter Reiß: Die Übung im Unterricht bei lernschwachen Schülern. Probleme und praktische Anregungen aus der Schule für Lernbehinderte. 1990. (Beiträge zum Unterricht mit lernschwachen Schülern, Bd. 1). 201 S. Kart. ISBN 3-89149-162-X

Otto Böhm, Gerhard Eberle, Ursula Müller: Konzeption eines Rechtschreibunterrichts bei lernschwachen Schülern. Theoretische Begründung und Anleitung für die Realisierung in der Praxis. 1991. (Beiträge zum Unterricht mit lernschwachen Schülern, Bd. 2). 181 S., mit zahlr. Abb. ISBN 3-89149-163-8

Otto Böhm, Heike Krüger: Ein Konzept des sinnorientierten Lesenlernens bei lernschwachen Schülern (Arbeitstitel). (Beiträge zum Unterricht mit lernschwachen Schülern, Bd. 3) iVb.

Otto Böhm, Angela Moosmann: Vom herkömmlichen Aufsatzunterricht zum adressatengerichteten und kreativen Schreiben (Arbeitstitel). (Beiträge zum Unterricht mit lernschwachen Schülern, Bd. 4) iVb.

Gerhard Eberle, Günter Reiß (Hrsg.): Probleme beim Schriftspracherwerb. Möglichkeiten ihrer Vermeidung und Überwindung. 1987. 386 S. Kart. ISBN 3-89149-127-1

Andreas D. Fröhlich (Hrsg.): Lernmöglichkeiten. Aktivierende Förderung für schwer mehrfachbehinderte Menschen. 2., völlig überarbeitete Auflage 1989. 198 S., mit 36 Abb. Kart. ISBN 3-89149-155-7

Andreas D. Fröhlich (Hrsg.): Wahrnehmungsstörungen und Wahrnehmungsförderung. 7. Aufl. 1992. 118 S. Kart. ISBN 3-89149-176-X

Bruno Fischer: Gehörlosenunterricht. Beiträge zur Didaktik eines lautsprachlich orientierten Unterrichts an Gehörlosenschulen. 1982. (Heidelberger Sonderpädagogische Schriften, Bd. 15). 267 S. Kart. ISBN 3-89149-014-3

Bruno Fischer, Peter Billig (Hrsg.): Hör-Spracherziehung. Eine Auswahl von Texten aus „Neue Blätter für Taubstummenbildung" und „Hörgeschädigtenpädagogik" zu Ehren von Professor Armin Löwe. 1988 (Heidelberger Sonderpädagogische Schriften, Bd. 17). 183 S. Kart.   ISBN 3-89149-149-2

Karl-Ludwig Holtz, Gerhard Eberle, Axel Hillig, Klaus R. Marker: Heidelberger Kompetenz-Inventar für geistig Behinderte. Handbuch zum Heidelberger Kompetenz-Inventar für geistig Behinderte. 2. Aufl. 1986. 168 S. Kart. ISBN 3-89149-029-1

Reimer Kornmann, Brigitte Ramisch: Lernen im Abseits. Erfahrungen mit Handelndem Unterricht in der Sonderschule für Lernbehinderte. 1984. 158 S., mit 88 Abb. Kart. ISBN 3-89149-052-6

Armin Löwe: Hörerziehung für hörgeschädigte Kinder. Geschichte – Methoden – Möglichkeiten. 1991. 231 S. Kart. ISBN 3-89149-177-8

Armin Löwe: Hörmessungen bei Kindern. Eine Einführung für die audiologische, logopädische, pädagogische und pädiatrische Praxis. 2., verbesserte und erweiterte Aufl. 1985. (Heidelberger Sonderpädagogische Schriften, Bd. 16). 230 S., mit zahlr. Abb. Kart.   ISBN 3-89149-105-0

Armin Löwe: Hörprüfungen in der kinderärztlichen Praxis. Eine Einführung für Kinderärzte, medizinisch-technische Assistentinnen, Arzthelferinnen und Logopädinnen. 1989. 135 S., mit 56 Abb. Kart. ISBN 3-89149-158-1

Armin Löwe: Pädagogische Hilfen für hörgeschädigte Kinder in Regelschulen. Eine Handreichung für Eltern und Lehrer gehörloser und schwerhöriger Regelschüler. 3. Aufl. 1992. 144 S., mit 26 Abb. Kart. ISBN 3-89149-187-5

HVA – Edition Schindele

Hugo-Stotz-Straße 14 · 6900 Heidelberg